유창한 프랑스어를 위한
단어 결합법

Comment parler couramment français
en combinant quelques mots ?

저자 박만규

도서출판 씨엘

••• 머 리 말 •••

한국인들이 프랑스어로 말할 때 가장 많이 부딪치는 어려운 점 중 하나는 키워드 하나는 알지만 그것과 결합되는 단어는 무엇인지 몰라서 문장을 제대로 완성하지 못한다는 점이다. 예를 들어 '영향을 끼칩니다'라고 말하려 할 때, '영향'은 influence라고 알지만 '끼치다'를 뭐라고 해야 할지 모르는 것이다. 이는 개개의 단어는 아는데 이들을 서로 연결시키지 못하기 때문이다.

지금까지의 프랑스어학습은 단어 차원에서 이루어졌다. 바로 이 때문에 프랑스어로 한 문장이라도 말하려 하면 문장이나 표현의 구성능력에 한계를 느끼고 포기하고 만다. 이제부터는 학습의 기본단위를 표현이나 문장 차원으로 끌어 올려야 한다. 어차피 의사소통의 최소단위는 표현이나 문장이기 때문이다. 따라서 술어 명사를 외울 때 기능동사를 함께 외워야 한다.

어휘 간의 결합은 크게 세 가지로 나누어 볼 수 있다.

첫 번째 유형은, 두 어휘가 결합하여 의미를 산출할 때 단순히 두 의미를 합하여 형성하는 경우이다. 예를 들어 '사과를 먹다'는 각 단어를 그대로 결합하여 'manger une pomme'라고 하면 된다.

두 번째 유형은, 두 어휘가 결합하여 의미를 산출하는 것이 아니라, 그와는 전혀 별개의 의미를 산출하는 경우이다. 결합되는 각 어휘의 의미가 유지되지 않거나, 새로운 의미가 추가되는 경우이다. '유명을 달리하다'와 'casser sa pipe'와 같은 관용표현 (expressions figées)이 이에 해당한다.

세 번째 유형은, 한 어휘는 의미가 투명하나 다른 하나는 그렇지 아니하고, 그 선택이 다른 어휘에 의해 결정되는 경우이다. 흔히 연어 (collocations)라고 불리는 어휘결합이 여기에 해당한다. 예컨대 '도움을 주다'와 'donner de l'aide'의 경우, '주다'와 'donner'는 '도움'과 'aide'에 의해 무조건적으로 결정되어 있다.

위의 세 유형 가운데, 첫 번째 유형(자유표현)은 학습자가 충분히 스스로 산출할 수 있는 자유로운 어휘 결합이다. 반면에 둘째 유형(관용표현)은 전체가 하나의 새로운 의미를 형성하는 것이므로 복합표현 전체를 하나의 어휘처럼 암기하여야 할 것이다. 마지막 유형(연어)은 한 어휘에 의해 다른 한 어휘의 선택이 결정되거나 선호되는 제약적 결합이므로 반드시 이를 별도로 학습해야 할 것이다.

그렇다면 결합관계를 어떻게 학습해야 하는가? 그 때 그 때마다 무조건 외워야 하는가? 일일이 외우려면 딱한 노릇이다. 시간도 많이 들 뿐만 아니라 잘 외워지지도 않는다. 또 외워도 이내 잊어 버린다.

그런데 다행히 많은 경우, 명사의 의미와 기능동사 사이에는 비교적 규칙적인 관계가 있다. 이 책에서는 이러한 관계들을 명사의 의미를 중심으로 제시함으로써 쉽게 암기할 수 있도록 하였다.

끝으로 이 책이 나오기까지 오랫동안 함께 학술적 대화를 나누면서 저자에게 많은 소중한 조언을 주고 교정까지 보아준 동료 Rémi Malenfant 교수께 깊은 감사의 마음을 전한다.

●● 목 차 ●●

머리말 ··· 5

1장 행위 ··· 11

1. 기능동사란? ··· 12
2. 운동 ··· 18
3. 게임 ··· 23
4. 음악 연주 ·· 25
5. 일[노동] ·· 30
6. 표면에 가하는 행위 ···························· 34
7. 표상 행위 ·· 36
8. 실수, 죄 ·· 39
9. 소통 ··· 42
10. 인사, 칭찬, 비판 ······························· 55
11. 금융행위 ·· 64
12. 동의, 협조 ··· 66
13. '칠', '-질', 타격 ······························· 73
14. 연구, 조사, 수술 ······························· 81
15. 모욕, 거절 ··· 91
16. 징벌, 시련 ··· 98
17. 압력, 영향력, 폭력 ·························· 106
18. 피해, 충격, 위기 등 ························· 110
19. 소리 ··· 117
20. 다양한 술어명사들 ··························· 125

7

2장 공통 문법 ··· 131

1. 관사의 사용 ··· 132
1.1. 셀 수 있는 행위 명사 ····························· 134
1.2. 특정/비특정 행위에 따라 ······················ 136
1.3. 습관적 행위 ··· 138
1.4. 관사의 고정 ··· 140

2. 시작과 진행과 종료의 표현 ······················· 147
2.1. 시작 ·· 148
2.2. 계속 및 진행 ·· 149
2.3. 종료과 중단 ··· 152

3. 문어체 기능동사 ······································ 154
3.1. procéder à, effectuer ························· 154
3.2. donner의 문어체, accorder ················ 158

4. 확장형 기능동사 ······································ 162
4.1. 이루다, 실현하다, 성취하다 réaliser, accomplir ······· 162
4.2 주도하다, 이끌다, 리드하다 mener, conduire ········· 163
4.3. apporter 가져다주다, 가져오다, 주다 ················ 166
4.4. 뽑다, 이끌어내다 tirer ····························· 168
4.5. 기타 기능동사들 ·································· 170

3장 상태 ··· 175

1. 기본 표현 구조 ··· 176
1.1. être 구문 ·· 179
1.2. avoir 구문 ··· 188

2. 상태 표현 être ·· 193

3. 신체 상태 표현 ·· 200
　3.1. avoir 유형 ·· 200
　3.2. être en/dans N 유형 ··· 205
4. 감정의 표현 ··· 210
　4.1. avoir 계열 ·· 210
　4.2. être en 계열 ·· 235
5. 병, 증상, 상처 ·· 243
6. 상황, 관계 ·· 258
7. 추상적 대상의 획득 prendre ··· 262
　7.1. (권리, 권력을) 잡다, 얻다 ······································ 262
　7.2. (일, 책임을) 떠안다 ··· 263
　7.3 습관, 형태의 갖춤 ··· 265

4장 현상, 사건, 행사 ··· 269
1. 기상 현상 ··· 270
2. 자연 재해와 사고 ·· 278
3. 행사, 모임, 공연 ·· 284

1장 행위

1. 기능동사란?

1.1. 문장의 술어

문장의 구조는 술어가 결정한다. 기본적으로 동사가 술어를 담당하므로 일단 동사를 선택하면 나머지(주어와 목적어 등)는 자동으로 결정된다. 예를 들어, '주다'를 뜻하는 donner를 선택하면, 주어는 사람이고 간접목적어는 사람, 직접목적어는 사물로 결정이 된다. 전치사도 à로 결정된다.
그런데, 동사가 아니라 명사가 술어인 경우가 있다. 다음의 예들에서 '공부', '여행', '비판', '질문', '결정', '명령' 등이 그러하다.

> 공부를 하다, 여행을 하다, 비판을 하다, 질문을 하다
> 광고를 (하다/내다), 결정을 (하다/내리다/짓다), 명령을 (하다/내리다)
> 도움을 주다, 영향을 (주다/미치다/끼치다)
> 합의를 보다, 계획을 세우다
> 야단을 치다

이 예들에서는 명사가 문장의 술어 역할을 하고 있다. 그리고 뒤에 나오는 동사들은 그저 문장을 완결짓는 역할을 할 뿐이다. 그래서 실제로 우리가 메모를 할 때는 아예 술어명사만을 쓴다.

> 4시까지 도서관에서 <u>공부</u>.
> 특별위원회 설치하기로 <u>결정</u>.
> 노사정위원회 <u>합의</u>.

위 표현들은 의미적으로는 완벽한 문장들이다. 왜냐하면 명사들이 문장의 술어 역할을 다하고 있기 때문이다.
다만 문법적으로는 완벽한 문장이 아니다. 동사가 없기 때문이다. 이렇

게 의미는 없이 오직 문법적인 요구에 의해 사용되는 동사를 '기능동사'라 한다. 위의 예에서 밑줄 친 '하다', '내리다', '짓다', '주다', '보다', '세우다' 등이 기능동사들이다.

여기서 중요한 것은 기능동사는 아무거나 자유롭게 선택하여 쓸 수 있는 것이 아니라, 술어명사에 의해 결정된다는 사실이다. '공부'일 때는 '하다'가, '도움'일 때는 '주다'가, '야단'일 때는 '치다'가 쓰이는 것이다. 한국어는 우리에게 모국어이므로 상관이 없지만 프랑스어는 우리에게 어떻게 이러한 기능동사를 효율적으로 배울 수 있는가 하는 문제를 제기한다.

프랑스어에서 쓰이는 기능동사들은 어떤 것들일까? 대개 이름만 들어도 알 만한 동사들이다. 예를 들면, donner, faire, mettre, prendre, rendre, avoir, être, aller, porter, entrer, tomber, pousser 따위이다. 몇 가지 예를 들어 보자.

공부를 하다 faire des études
비판을 하다 faire une critique
여행을 하다 faire un voyage
충고를 하다 donner un conseil à *qqn*
질문을 하다 poser une question *qqn*
다이어트를 하다 faire un régime
광고를 (하다/내다) mettre une annonce, faire de la publicité
결정을 (하다/내리다/짓다) prendre une décision
명령을 (하다/내리다) donner un ordre à *qqn*
도움을 주다 donner de l'aide à *qqn*
합의를 보다 se mettre d'accord, tomber d'accord
계획을 세우다 faire un plan, dresser des plans
영향을 (주다/미치다/끼치다) exercer une influence sur ...
야단을 치다 passer une engueulade à *qqn*

술어명사와 기능동사가 한국어와 같은 것들도 있지만 아무래도 다른 것들이 더 많다. 자, 그러면 프랑스어에서는 어떤 술어명사가 어떤 기능동사와 결합하는가?

매우 단순하게는 이렇게 생각하는 것이 가장 효율적이다. 행위를 뜻하는 술어명사는 faire와 공기하는 경향이 있고, 상태를 뜻하는 술어명사는 avoir와 être, 그리고 사건의 술어명사는 il y a와 함께 결합한다고.

여행을 하다 faire un voyage
화가 나다 être en colère
지진이 나다 il y a un séisme

그러나 이 같은 단순한 규칙으로는 결코 올바른 프랑스어 문장을 꾸밀 수 없다. 이렇게 단어를 결합하면 성립하지 않는 것들이 너무 많기 때문이다.

그렇다고 매 술어명사를 학습할 때마다 함께 결합하는 기능동사를 무조건 암기하는 것도 비효율적이다. 그러나 다행히 술어명사는 비교적 특정한 기능동사를 선택하는 경향이 있다. 이러한 경향성(혹은 규칙성)에 기반하여 학습을 한다면 훨씬 더 효율적이고 쉽게 암기할 수 있다. 이 책에서는 이러한 규칙성을 술어명사별로 정리하여 공부할 것이다.

한편 술어명사와 기능동사의 연쇄는 하나의 일반동사와 동의어 관계를 형성하는 경우가 많다. 예를 들면 다음과 같은 식이다.

공부를 하다 - 공부하다
여행을 하다 - 여행하다
비판을 하다 - 비판하다
결정을 하다 - 결정하다
도움을 주다 - 돕다
합의를 보다 - 합의하다
계획을 세우다 - 계획하다

이는 당연히 프랑스어에서도 마찬가지여서 '기능동사+술어명사'는 다음과 같이 하나의 일반동사로도 표현할 수 있다.

공부를 하다 faire des études = étudier
비판을 하다 faire une critique = critiquer
여행을 하다 faire un voyage = voyager
충고를 하다 donner un conseil à *qqn* = conseiller
결정을 (하다/내리다/짓다) prendre une décision = décider
명령을 (하다/내리다) donner un ordre à *qqn* = ordonner *qqch* à *qqn*
도움을 주다 donner de l'aide à *qqn* = aider *qqn*
합의를 보다 se mettre d'accord = s'accorder
계획을 세우다 faire un plan, dresser des plans = planifier
영향을 (주다/미치다/끼치다) exercer une influence sur ... = influencer
야단을 치다 passer une engueulade à *qqn* = engueuler
요리를 하다 faire la cuisine = cuisiner
요청을 하다 faire une demande = demander
논설문을 쓰다 faire une dissertation = disserter
검색을 하다 faire une recherche = rechercher
그림을 그리다 faire un dessin = dessiner

그러나 한국어에서 '영향을 주다'가 '영향하다'로 되지 않고, '반란을 일으키다'라고 해야지 '반란하다'라고 할 수 없듯이, 프랑스어에서도 이러한 대응이 언제나 가능한 것은 아니다.

다이어트를 하다 faire un régime = *régimer
광고를 (하다/내다) mettre une annonce ≠ annoncer

프랑스어에는 régimer라는 동사가 없으며, annoncer는 '알리다, 공지하다'라는 뜻으로만 쓰이지 '광고를 하다'라는 뜻으로는 쓰이지 않는다.

이제부터 어떻게 술어명사와 기능동사가 결합하는지를 공부해 보자.

1.2. 행위의 기능동사들

우선 술어명사가 행위를 나타내는 경우를 학습해 보자. 이 경우 우리말은 '하다'가 가장 자주 쓰이는데, 프랑스어에서도, 우리말처럼, faire가 가장 많이 쓰인다.

>(항의하는) 제스쳐를 쓰다 faire un geste (de protestation)
>빨래를 하다, 세탁을 하다 faire un lavage
>산책을 하다 faire (une promenade / une balade)
>우리는 자정에 부두에서 산책을 했어요.
>On a fait une promenade sur les quais à minuit.

그러나 다음과 같은 유형의 술어명사들은 faire가 아닌 다른 기능동사를 쓰니 알아 두어야 할 것이다. 몇 가지 예를 보자.

>▶ prendre
>결정을 짓다 prendre une décision
>우리는 떠나기로 결정을 지었어.
>Nous avons pris la décision de partir.
>
>집을 담보로 잡다 prendre une hypothèque sur une maison
>
>▶ donner
>전화를 (주다/하다) (donner/passer/filer) un coup de téléphone à *qqn*
>
>▶ tirer
>결론을 끌어내다 tirer une conclusion de

결론을 내리다 faire une conclusion (à ce texte)

▶ mener
공격을 하다 mener une attaque contre *qqn* (=attaquer)
미국은 이라크에 공격을 했다.
Les Etats-Unis ont mené une attaque contre l'Irak.

삶을 영위하다 mener une vie + 형용사
조용히 살고 싶어요.
J'ai envie de mener une vie tranquille.

▶ prêter
후원을 하다 prêter appui à *qqn*
권고를 하다 prêter conseil à *qqn*

▶ conclure
계약을 체결하다 (conclure / signer) un contrat
대우는 톰슨과 계약을 체결했습니다.
Daewoo a signé le contrat avec Thomson.

〈CONSEIL PRATIQUE〉
회화할 때 올바른 기능동사가 갑자기 생각이 안 나거나 잘 모르겠으면, 일단 faire를 쓰도록 해보자. 왜냐하면 회화는 속도가 생명이므로 너무 머뭇거리느니, 틀리더라도 의사소통의 성립이라는 목적을 완수하는 것이 낫기 때문이다. faire를 쓰면 일단 의사소통에는 아무런 지장이 없다.

2. 운동

프랑스어에서는 운동, 연주, 직업활동, 노동 등과 같은 활동을 어떻게 표현하지 알아보자. 기본적으로 'faire (du/de la) 명사'의 형식을 취하고 다른 동사들도 활용한다.

프랑스어에서 운동은 기본적으로 술어명사에 부분관사 du, de la를 쓰고 기능동사 faire를 앞세운 표현을 쓰되 단체경기나 게임 등에는 jouer를 쓴다. 우선 faire 용법부터 살펴보자.

2.1. faire (du/de la) + 운동

우리말에서 '축구를 하다'라고 하면 여러 가지 뜻을 가지고 있다. 우선, 1) 축구 경기를 한다는 뜻이 있고, 또 2) 축구를 배운다는 뜻을 가리킬 때도 있다. 다음으로는 3) 직업이 축구라는 뜻이 있다. '그 사람 뭐 해요?' 할 때, '그 사람 축구 해요.'라고 하면 축구를 직업으로 삼고 있음을 뜻하는 것이다. 흥미로운 것은 프랑스어로 faire du football이라고 해도 우리말과 같이 그 3가지 뜻을 다 나타낸다는 것이다.

축구를 하다 faire du football
-- 그 사람 직업이 뭐지요?
Qu'est-ce qu'il fait dans la vie ?
-- 그 사람 축구 해요.
Il fait du football.

스포츠를 하다 faire du sport
너는 운동 좀 해야겠구나.
Tu as besoin de faire du sport.
    cf. 운동을 하다, 헬스를 하다 s'entrainer

스케이트를 타다 faire du patin (à glace)

우리 스케이트 타러 가.

Nous allons faire du patin (à glace).

너 스케이트 탈 줄 아니?

Sais-tu faire du patin (à glace)?

롤러 스케이트를 타다 faire du patin (à roulettes), faire du roller

너 롤러 스케이트 탈 줄 아니?

Sais-tu faire du patin à roulettes?

피겨 스케이트를 하다 faire du patinage artistique
스피드 스케이트를 하다 faire du patinage de vitesse
테니스를 (하다/치다) faire du tennis

이 스포츠 센터에서는 테니스를 매일 칠 수 있어요.

Dans ce centre sportif, on peut faire du tennis tous les jours.

탁구를 (하다/치다) faire du ping-pong
골프를 (하다/치다) faire du golf
권투를 하다 faire de la boxe
스키를 타다 faire du ski

관사에 유념해야 한다. 부정관사를 쓰면 '만들다'의 뜻이 되어 버린다.

스키를 만들다[제조하다] faire un ski

참고로 몇 가지 운동경기를 더 제시한다.

수영을 하다 faire de la natation

육상을 하다 faire de l'athlétisme
자전거를 하다 faire du vélo
(윈드) 서핑을 하다 faire de la planche à voile
스노우보드를 타다 faire du snowboard
조정을 하다 faire de l'aviron
아마추어 레슬링을 하다 faire de la lutte
프로 레슬링을 하다 faire du catch
야구를 하다 faire du base-ball
농구를 하다 faire du basket(-ball)
100미터 달리기를 하다 faire du cent mètres

- '100미터 달리기'는 le cent mètres. 수는 100이므로 mètres는 복수. 하나의 종목이므로 단수 le.

400m 장애물 경기를 하다 faire du 400 mètres haies
200m 자유형을 하다 faire du 200 mètres nage libre
장대높이뛰기를 하다 faire du saut à la perche
체조를 하다 faire de la gymnastique

▶ 여가 활동

여가 활동에도 마찬가지로 「faire (du/de la) 명사」구문을 쓴다.

관광을 하다 faire du tourisme
무전여행을 하다 faire de l'auto-stop, faire du stop
캠핑을 하다 faire du camping
카풀을 하다 faire du co-voiturage
보트[배]를 타다, 뱃놀이를 하다 faire du bateau
오후에 배 타러 가자.
On va faire du bateau cet après-midi.

말을 타다 faire du cheval

너 말 탈 줄 아니?

Tu sais faire du cheval?

<small>cf. 승마를 하다 faire de l'équitation</small>

자전거를 타다 faire du vélo, faire de la bicylclette

살 빼려면 실내 자전거를 타는 게 아주 효과적이에요.

Il est très efficace de faire du vélo d'appartement pour maigrir.

- '자전거를 타다'는 aller à bicyclette 이라고도 한다.

▶ 격투기

격투기를 하는 것도 마찬가지로 faire를 쓴다.

태권도를 하다 faire du taekwondo
가라데를 하다 faire du karaté
아마추어 레슬링을 하다 faire de la lutte
프로 레슬링을 하다 faire du catch

'시합을 하다'라고 하고 싶으면, 'faire une partie de + 경기명'이나 'faire un match de + 경기명'을 쓰면 된다.

럭비 경기를 하다 faire une partie de rugby

faire du를 쓰면 뜻이 분명하지 않으므로, 특별히 '연습하다', '훈련하다'의 뜻을 나타내고자 할 때는 pratiquer를 쓰면 된다.

스키 연습 해요.

Je pratique le ski.

매일 운동을 해요.

Je pratique du sport tous les jours.

2.2. 단체운동은 'jouer (au/à la) + 운동'으로

상대가 있어야 할 수 있는 경기(구기, 단체경기)에는 jouer (au/à la)를 쓸 수도 있다.

우리 배구 하자.

On va jouer au volley.

테니스 치러 가자.

On va jouer au tennis.

▶ 개인운동은 faire만

혼자 할 수 있는 운동(꼭 상대가 없어도 되는 운동)은 faire만 가능하다. 다만 두 가지 예외가 있는데, 하나는 golf이고 다른 하나는 격투기 종목 (escrime 포함)이다.
golf는 상대가 없어도 할 수 있는 운동이지만 jouer를 쓸 수 있다.
다음으로, 격투기 종목들은 상대가 있어야 하지만 jouer를 쓰지 못하고, 위에서 보았듯이 faire만 가능하다.

그 사람은 주말마다 골프를 쳐요.

Il joue au golf le week-end.

3 게임

게임이나 놀이를 나타내는 명사는 'jouer (au /à la) + 명사'의 형태를 쓴다.

바둑을 두다 jouer au go
바둑 둘 줄 아세요?

Savez-vous jouer au go ?

- 바둑을 프랑스어로 go라고 하는 것은 일본어 단어가 들어갔기 때문이다. 'jouer au baduk'라는 표현을 써서 알리는 것도 방법이다. 일본식 만화를 프랑스어에서 manga라고 하지만 최근에는 한국 만화를 manhwa라고 지칭하며 쓰고 있음을 참고로 할 수 있다.

카드를 치다 jouer aux cartes
우린 일요일마다 카드를 치곤 했어.

Nous jouions aux cartes tous les dimanches.

- carte는 카드놀이라는 의미로는 항상 복수로 쓴다.

브릿지를 하다 jouer au bridge
브릿지 하는 법을 배웠어요.

On m'a appris à jouer au bridge.

포커를 치다 jouer au poker
주사위 놀이를 하다 jouer aux dés
체스를 하다 jouer aux échecs
누가 할 차례지?

C'est à qui de jouer?

경마를 하다 jouer aux courses (hippiques)

- 경마는 les courses hippiques라고 하고 항상 복수형으로 쓴다. 참고로 경주마는 un cheval de course라 한다.

인형 놀이를 하다 jouer à la poupée

그 애는 벌써 열두 살이야, 인형놀이는 이제 안 해.

Elle a déjà douze ans, elle ne joue plus à la poupée.

숨바꼭질을 하다 jouer à cache-cache
소꿉장난을 하다 jouer à la dînette
병정놀이를 하다 jouer aux soldats
병원놀이를 하다 jouer au docteur

그럼 그냥 '게임을 하다'는 프랑스어로 뭐라고 할까?

게임을 하다 jouer à un jeu

그는 온라인 게임을 하고 있어요.

Il joue à un jeu vidéo en ligne

성인의 과반수가 비디오 게임을 합니다.

Plus de la moitié des adultes jouent aux jeux vidéo.

4. 음악 연주

악기나 음악을 연주할 때 한국어에서는 (피아노를) '치다', (바이올린을) '켜다', (플룻을) '불다' 등과 같이 다양한 동사를 쓰는데 반해, 프랑스어에는 이러한 동사들이 없다. 다만 모든 악기에 대해 동일한 동사를 쓰는데 이것이 faire와 jouer이다.

A. 연주하다 → faire (du/de la) + 음악/악기

악기 뜻하는 명사를 목적어로 쓰면 역시 faire (du/de la)를 쓴다. 여기서도 앞서 운동의 경우와 마찬가지로, 1)배운다는 뜻과 2)전공으로 한다는 뜻, 그리고 3)직업으로 한다는 뜻을 다 나타낸다.

> **피아노를 연주하다[치다] faire du piano**
> -- 그 여자 직업이 뭐지요?
> Qu'est-ce qu'elle fait dans la vie ?
>
> -- 그 여자는 피아노를 (연주)해요.
> Elle fait du piano.
>
> **기타를 연주하다[치다] faire de la guitare**
> 그 사람은 기타를 쳐요.
> Il fait de la guitare.

관사에 유념해야 한다. 부정관사를 쓰면 '만들다'의 뜻이 되어 버린다.

> **피아노를 만들다[제조하다] faire (un piano/des pianos)**
> 그 사람은 피아노를 만들어요.
> Il fait des pianos.

음악을 한다고 할 때는 faire de la musique이라 하면 된다.

음악을 (연주)하다 faire de la musique
-- 직업이 뭐지요?
Qu'est-ce que vous faites dans la vie ?

-- 음악을 합니다.
Je fais de la musique.

프랑스 정부가 1982년에 음악축제(Fête de la musique)를 기획하였는데, 그때 슬로건이 'Faites de la musique !'(음악을 하세요!)이었다. 두 표현의 발음이 같아 큰 인기를 끌었다.
'연주하다'는 악기 외에 음악의 장르를 목적어로 쓰기도 하는데 이런 경우에도 동일한 형식을 쓰면 된다.

재즈를 (연주)하다 faire du jazz
그는 보통 재즈를 연주해요.
Il fait principalement du jazz.

클래식음악을 (연주)하다 faire de la musique classique
대중음악을 (연주)하다 faire de la musique (populaire / pop)
록음악을 (연주)하다 faire du rock

genres de musique	genres of music
du rock	rock
du rap, du hip-hop (hip hop)	rap, hip-hop
du reggae	reggae
du funk	funk
du punk	punk
du gospel	gospel
du heavy metal	heavy metal
du rock & roll	rock & roll
de la dance (music)	dance music
de la techno	techno
de la soul	soul
une ballade	a ballad
une ballade rock	a rock ballad

B. jouer (du/de la) + 악기/음악

faire 대신 jouer를 쓸 수도 있다. 다만 이때는 전치사 à와 정관사의 결합인 au, à la를 쓰는 '운동 경기'와 달리, 전치사 de와 정관사의 결합인 du, de la를 쓴다는 점에 유념해야 한다.

> 피아노를 연주하다 jouer du piano
> 바이올린을 연주하다 jouer du violon
> 그녀는 바이올린을 연주해요.
> Elle joue du violon.

> 첼로를 연주하다 jouer du violoncelle
> 플룻을 연주하다 jouer de la flûte
> 하프를 연주하다 jouer de la harpe

아코데온을 연주하다 jouer de l'accordéon
색소폰을 연주하다 jouer du saxophone
트럼펫을 연주하다 jouer de la trompette
하모니카를 연주하다 jouer de l'harmonica.
캐스트너츠를 연주하다 jouer des castagnettes

'악기를 연주하다'는 어떻게 할까? 전치사 de를 써서 다음과 같이 표현한다.

악기를 연주하다 jouer d'un instrument.
그녀는 바이올린, 피아노, 기타의 세 악기를 연주한다.
Elle joue de trois instruments : violon, piano et guitare.

계명도 모르고 연주할 수는 없지요.
On ne peut pas jouer d'un instrument sans connaître le solfège.

음악 장르나 작품을 목적어로 할 때도 마찬가지로 jouer를 써서 표현할 수 있다.

록을 연주하다 jouer du rock
모차르트 작품을 연주하다 jouer du Mozart
그 피아니스트는 베토벤을 연주할 것이다.
Le pianiste va jouer du Beethoven.

'한 곡을 연주하다'라고 하려면 jouer un morceau라고 한다.

▶ '연습하다', '훈련하다'의 뜻을 분명히 나타내고자 할 때는 pratiquer를 쓰면 된다.

피아노 연습 해요.

Je pratique le piano.

▶ '시작하다'라고 하면 débuter, entamer를 쓰고 '그만두다'는 abandonner나 laisser tomber(속어)를 쓰면 된다.

저 플루트를 시작했습니다.

J'ai débuté la flûte.

나 아코디언 그만뒀어.

J'ai abandonné l'acordéon.

5 일[노동]

▶ faire (du/de la) + 노동[일]

일, 즉 노동행위를 뜻하는 명사가 목적어 자리에 오면 역시 faire (du/de la)를 쓰도록 한다. 물론 1)배운다는 뜻과 2)전문으로 한다는 뜻, 그리고 3)직업으로 한다는 뜻이 다 있다.

목공일을 하다 faire de la menuiserie
배관일을 하다 faire de la plomberie
자동차 정비를 하다 faire de la réparation automobile

집안일에 해당하는 행위를 나타내는 표현들의 경우에는 관사가 부분관사만이 아니라 정관사가 쓰일 때도 있으므로 유의해야 한다.

집안일을 하다, 방을 치우다; 청소하다 faire du ménage, faire le ménage
오늘은 대청소를 하자!
On va faire le grand ménage aujourd'hui !

청소를 하다 faire un nettoyage
빨래를 하다, 세탁을 하다 faire un lavage, faire la lessive
이 집에서 살기 시작한 이후, 저는 청소에 빨래에, 정원 일 등 모든 집안일을 해왔어요. 게다가 가축도 돌봐야 했죠.
Depuis que je vis dans cette maison, je fais toutes les tâches ménagères, le nettoyage, le lavage, le jardinage, et je m'occupe aussi des animaux.

요리를 하다 faire de la cuisine
식사준비를 하다 faire la cuisine

설거지를 하다 faire la vaisselle
장을 보다 faire (les/ses) courses
쇼핑을 하다 faire du shopping, faire les magasins
아이쇼핑[윈도우쇼핑]을 하다 faire du lèche-vitrine

'요리를 하다'는 faire de la cuisine와 faire la cuisine로 표현할 수 있는데, 둘 사이에 약간의 의미차이가 있다. 전자는 일반적으로 요리를 한다는 의미, 레시피에 따라 요리를 한다는 느낌을 주는 반면에, 후자는 단지 음식을 만든다는 의미를 가지고 있다.
또한 faire les courses는 식료품을 비롯하여 일상에 필요한 물건들을 구입한다는 의미이므로 우리말의 '장을 보다'에 가깝다. 반면에 faire du shopping과 faire les magasins은 즐거움을 위해 물건을 구매하는 행위를 뜻하여 차이가 있다.

엄마는 보통 동네 슈퍼에서 장을 보신다.
D'habitude, maman fait ses courses au supermarché du quartier.

그녀는 주말이면 백화점에서 쇼핑을 즐긴다.
Elle aime faire du shopping dans les grands magasins en fin de semaine.

한 가지 주의할 것은 단수형 course를 쓰면 '경주(=달리기)를 하다'라는 뜻이 된다는 점이다. faire la course avec *qqn* 과 같이 쓴다.
참고로, 우리는 '청소기를 돌리다'라고 표현하는데, 프랑스어에서는 '지나가게 하다, 통과시키다'라는 뜻인 passer를 쓴다.

청소기를 돌리다 passer l'aspirateur

〈유모어〉

Le fils de Pierre va bientôt se marier. Il parle à sa fiancée avec une douceur et un amour infinis :
- Tu sais, je t'aime tellement que je te demanderai seulement, quand nous serons mariés, de faire la lessive, le ménage, la cuisine, la vaisselle et les courses: à aucun prix je ne souffrirais que ma femme travaille !

피에르의 아들은 곧 결혼할 예정이다. 그는 자신의 약혼녀에게 부드럽고 한없는 사랑으로 말한다 :
"있지, 난 당신을 너무나 사랑해서, 결혼한 후에는, 당신에게 단지 빨래와 청소, 요리, 설거지, 장보기만 요구할 거야. 난 결코 내 아내가 일하는 건 견딜 수가 없어!"

▶ 공부와 직업 의미에도

공부나 연구와 같은 지적인 활동을 뜻하는 명사가 목적어 자리에 올 때도 faire (du/de la)를 쓴다. 물론 1)배운다는 뜻과 2)전공으로 한다는 뜻, 그리고 3)직업으로 한다는 뜻이 다 있다.

연구를 하다 faire de la recherche
프랑스어를 하다 faire du français
법학을 하다 faire du droit
컴퓨터를 하다 faire de l'ordinateur
문학을 하다 faire de la littérature

문학을 한다는 것은 시대의 증인 되는 것이다.
Faire de la littérature c'est être témoin de son temps.

A : 그 사람 뭐해? Qu'est-ce qu'il fait dans la vie ?
B : 문학을 해. Il fait de la littérature.

연극을 하다 faire du théâtre
영화를 하다 faire du cinéma
그 사람 연극[영화] 해요.
Il fait du théâtre [du cinéma].

공연을 뜻하는 명사에는 jouer (au/à la)를 쓸 수도 있다.

그 사람 연극[영화] 해요.
Il joue au théâtre [au cinéma].

그는 영화뿐 아니라 연극도 하고 있다.
Il continue à jouer au théâtre parallèlement au cinéma.

6. 표면에 가하는 행위

▶ 표면에 변화를 일으키는 행위
하다 → faire

'균열', '표시', '조각', '장식' 등과 같이 표면에 변화를 일으키는 행위를 표현하는 명사는 faire와 결합한다.

얼룩을 지게 하다 faire une tache (à/sur) *qqch* (= tacher)
내가 실수로 천에 얼룩을 지게 했어.
J'ai fait une tache (à/sur) cette toile par erreur.

긁다, 할퀴다 faire une rayure [égratignure]
나뭇가지에 차체가 긁혔어요. (→ 나뭇가지가 차체에 긁힘을 만들었다)
Les branches ont fait des rayures sur la carrosserie.

긁히다, 할퀴어지다 se faire une rayure [égratignure] (=égratigner)
차체가 긁혔어요.
La carrosserie s'est fait une égratignure.

균열을 만들다 faire une fissure (= fissurer)
더위에 땅이 갈라졌습니다.
La chaleur a fait des fissures dans le sol.

표시를 하다 faire une marque (= marquer)
달력에 표시를 해 뒀지.
J'ai fait une marque sur le calendrier.

파문을 일으키다 faire des ondes

내가 던진 돌맹이가 물에 파문을 일으킨다.

La pierre que j'ai jetée a fait des ondes dans l'eau.

장식을 하다 faire une décoration de *qqch* (= décorer)

아내가 탁자에 꽃 장식을 했다.

Ma femme a fait une décoration de fleurs (sur/à) la table.

조각을 하다 faire une sculpture (=sculpter)

이 벽에다 조각을 할 거래요.

Ils vont faire des sculptures sur le mur.

문신을 하다 faire un tatouage à *qqn* (=tatouer)

간지럼을 태우다 faire des chatouilles à *qqn* (=chatouiller)

마사지를 하다 faire un massage à *qqn* (=masser)

미용실에서 마사지를 받았지.

Je me suis fait faire un massage par la coiffeuse.

- 자기가 직접 마시지를 한 것이 아니라 미용사(la coiffeuse)를 시켜서 자기에게 한 것이므로 faire des massages 앞에 se faire가 들어간 것.

찢다 faire une déchirure (à/sur) *qqch* (=déchirer)

폭격을 (가)하다 faire un bombardement (=bombarder)

- 폭격을 가하는 것은 그 행위 자체가 아니라 그 결과가 표면에 변화를 야기하는 것인데, 그냥 이렇게 외워 두자.

미국인들이 도시에 폭격을 (가)했다.

Les Américains ont fait des bombardements sur la ville.

7 표상 행위

▶ 표상을 하다 → faire

'그림', '도표', '복사', '확대' 등 표현 방식을 나타내는 명사는 faire와 어울린다.

그림을 그리다 faire un dessin de + 명사 (=dessiner)

참고로 'faire un dessin à *qqn*'이라는 숙어가 있다. 이는 '(자세히) 설명을 하다'라는 뜻이다. '그림을 그리다'라는 뜻으로부터, (이해를 못했으니 아예 그림을 그려준다는 의미에서 '더 설명을 하다', '자세히 설명을 하다'라는 뜻이 나온 것이다. 그러나 이 숙어는 부정적인 의미를 갖고 있음에 주의해야 한다. "설마 아직도 이해 못 했다는 말이니?"라는 뉘앙스를 함축하고 있다.

(아직 이해 못한 거야?) 더 설명을 해 줄까?
Tu veux que je te fasse un dessin ?

좀 더 설명해 줘.
J'ai besoin d'un dessin.

풍자화를 그리다 faire une caricature de + 명사 (=caricaturer)
도표를 그리다 faire un schéma de + 명사 (=도표화하다 schématiser)
복사를 하다 faire une (copie/reproduction) de + 명사 (=copier, reproduire)
(복사기로) 복사를 하다 faire une photocopie de + 명사 (=photocopier)
이 자료, 복사 좀 해 줘.
Fais-moi la photocopie du document.

복사를 하다 faire un calque de + 명사 (=calquer)

그 사람들이 내 카드를 복사를 했어.

Ils ont fait le calque de ma carte.

모방을 하다 faire une imitation de + 명사 (=imiter)

확대를 하다 faire un agrandissement de + 명사 (=agrandir)

이 사진 확대를 좀 해야 겠어.

Il faut faire faire un agrandissement de cette photo.

- 여기서 faire가 한 번 더 사용되어 faire faire un agrandissement이 된 이유는, 자기가 직접 사진을 확대하는 것이 아니라 사진관에 가서 다른 사람에게 확대를 시키기 때문이다. 프랑스어는 이렇게 자기가 직접한 것이 아니면 반드시 faire를 붙인다.

(축소/감축/인하/할인)을 하다 faire une réduction de + 명사 (=réduire)

(금액/비용)을 감축해야 합니다.

Nous devons faire une réduction (de la somme / des dépenses).

가격이 인하되었어요. (→ 그들이 가격을 인하했어요)

Ils ont fait une réduction des prix.

출판을 하다 faire une édition de + 명사 (=éditer)

(영화)촬영을 하다 faire un film de + 명사 (=filmer)

(사진)촬영을 하다 faire une photographie de + 명사 (=photographier)

▶ 문서를
   만들다, 작성하다 → faire, rédiger, dresser

'문서'를 뜻하는 명사들도 faire와 결합한다. 우리말로는 '만들다', '작성하다'와 어울리는 이들은 프랑스어에서도 대체로 faire 대신에 dresser나 rédiger를 쓸 수 있다.

초고를 만들다 faire un brouillon de + 명사
개요를 작성하다 faire un abrégé de + 명사
이 강좌[교과목]의 개요는 이교수님이 작성하신 것입니다.
C'est M. Lee qui a (fait/rédigé) l'abrégé du cours.

보고서를 작성하다 faire le bilan de + 명사
교통 사고 보고서를 작성하다
faire le bilan des accidents de la route.

실험[사태] 보고서를 작성하다
faire le bilan (de l'expérience/de la situation)

건강진단서를 작성하다
faire un bilan de santé

보고서[평가서]를 작성하다 faire le compte-rendu de + 명사
서평을 쓰다
faire le compte-rendu d'un livre

예산을 (짜다/만들다) faire le budget de + 명사
행정부가 국가 예산을 짜고 국회의원들은 심의합니다.
L'exécutif fait le budget de l'Etat et les députés l'examinent.

목록을 작성하다 faire une liste de + 명사
참고문헌[서지]을 만들다 faire une bibliographie de + 명사

8. 실수, 죄

여기서는 본의 아니게 저지른 잘못인 '실수'와 도덕이나 법률을 어겨 저지른 잘못인 '죄'를 저지른다는 표현에 대해 알아보자. 전자와 후자 간에 기능동사의 차이가 있다. 우선 '실수'부터 보기로 한다.

A. 실수

▶ 실수를 하다, 범하다 → faire + 실수

'실수'를 뜻하는 프랑스어 명사들은 기본적으로 우리말 '하다'에 해당하는 faire와 결합한다. erreur에 비해, faute는 특히 문법 규칙이나 철자의 오류 등을 가리키거나 논리적 오류 같은 실수를 의미한다.

실수를 하다 (faire/commettre) une erreur
오류[착오]를 범하다 (faire/commettre) une faute

이 두 명사는 faire 외에도 우리말 '범하다'에 해당하는 commettre와도 결합 가능하능하지만 나머지 명사들은 오직 faire와만 결합한다.

실수[실언,바보짓]를 하다 faire une bêtise
큰 실수를 했어.
J'ai fait une grosse bêtise.

실수를 하다 faire une gaffe (속어)
실언을 하다 faire un lapsus
어리석은 짓을 하다 faire une folie

B. 죄

▶ 죄를 짓다, 범하다 → faire [commettre] + 죄

'죄'는 '실수'보다 무거운 과오이다. 우리말에서도 '실수'와 결합하는 기능동사 '하다'를 쓰지 않고 죄를 '저지르다' 또는 '짓다'라고 하고, 이를 문어에서는 '범하다'라고 한다.
프랑스어에서도 '죄'를 뜻하는 말들은 '저지르다'에 해당하는 commettre를 쓴다. commettre 대신 perpétrer를 쓸 수 있고 문어에서는 consommer라고 한다. 다만 구어에서는 faire와도 결합할 수 있다.

> (종교적) 죄를 짓다 (commettre / faire) un péché
> (형법상의) 죄를 저지르다 (commettre / perpétrer / faire) un crime
> 그는 반인륜적인 죄를 범했다.
> Il a commis un crime inhumain.
>
> 그 놈이 저지른 죄는 더 더욱 가증스러워.
> Le crime qu'il a perpétré est encore plus abominable.
> • bien plus 더 더욱 : bien은 비교급 plus를 강조하는 부사. plus 대신 encore를 쓸 수도 있다.

비교적 가벼운 죄(경범죄)는 délit, 일반적으로 '위반'에 해당하는 말은 infraction, violation이다.

> (가벼운 죄/경범죄)를 저지르다 (commettre / perpétrer / faire) un délit
> 위반을 하다 (commettre / perpétrer / faire) une infraction, une violation
> 그 사람들이 우리를 법률을 위반하도록 강요했어요.
> Ils nous ont forcé à commettre une infraction à la loi.

한편 '죄'에 해당하는 행위들을 나타내는 명사들도 commettre와 perpétrer를 기능동사로 쓴다. 다만 faire는 불가능하다.

살인을 저지르다 (commettre / perpétrer) un homicide
그 깡패가 또 살인을 저질렀군.
Ce gangster a encore commis un homicide

암살을 하다 (commettre / perpétrer) un assassinat
테러를 하다 (commettre / perpétrer) un attentat
강도짓[강탈행위]을 저지르다 (commettre / perpétrer) un cambriolage
도둑질[절도]을 저지르다 (commettre / perpétrer) un vol
그는 저지르지도 않은 30유로 절도로 쫓겨났다.
Il a été chassée pour un vol de trente euros, qu'il n'avait pas commis.

강간을 하다 (commettre / perpétrer) un viol
간통[간음]을 하다 commettre un adultère
그 남자는 간음을 했다.
Il a commis un adultère.

그녀는 하인과 간통을 했다.
Elle a commis un adultère avec son domestique.

근친상간을 범하다 commettre un inceste
약탈을 하다 (commettre / perpétrer) un pillage
가해를 하다 commettre une agression, brutaliser *qqn*, battre *qqn*.
결례를 범하다 commettre une impolitesse

위 명사들 가운데 un attentat(테러)와 un cambriolage(강도짓)는 faire와의 결합도 가능함을 지적해 둔다.

9. 소통

'연락', '통지', '설명', '확인', '신호', '의견', '전화', '팩스' 등과 같이 의사소통을 나타내는 명사가 쓰일 때 함께 어울리는 동사를 공부해 보자. 이런 동사들은 우리말에서는 대개 '하다'와 어울린다.

'연락'을 하다
'통지'를 하다
'설명'을 하다
'확인'을 하다
'신호'를 하다
'전화'를 하다 등...

다만 '의견'을 내다와 '팩스'를 넣다와 같은 예외들도 있지만...
이처럼 '하다'와 어울리면 '능동적인 뜻'을 표현하는 반면에, 이들 명사가 '받다'(혹은 '듣다')가 어울리면 수동적인 의미를 표현하게 된다.

'연락'을 받다
'통지'를 받다
'설명'을 듣다
'확인'을 받다
'신호'를 받다
'의견'을 듣다
'전화'를 받다 등...

자, 그럼 이들은 프랑스어로 어떤 동사와 함께 쓰일까?
먼저 능동적 의미를 나타낼 때는 우리말처럼 프랑스어도 faire를 쓰는 경우가 있지만 donner를 쓰는 경우도 있다. 다만 수동적인 뜻을 표현할 때는 우리말과 같이 recevoir와 결합한다.

이제 이들을 학습해 보자. 우선 A.에서 능동적 의미가 donner로 표현되는 경우부터 보고, B.에서 faire로 표현되는 경우를 보기로 한다.

9.1. '하다'를 donner로

☞ 하다 → donner + [소통 명사]
☞ 받다 → recevoir + [소통 명사]

'연락, 전화, 충고, 권고' 따위와 같은 소통을 의미하는 명사들의 경우 한국어에서는 '하다'를 쓰는데, 프랑스어에서는 donner를 쓴다. 이때 '받다'는 recevoir를 쓴다.

소식을 주다 donner de ses nouvelles
소식을 받다 recevoir de ses nouvelles

연락[통지]을 하다 donner (une communication/ une notification) à *qqn*
연락[통지]을 받다 recevoir (une communication/ une notification) de *qqn*
어제 경찰이 이 사건을 저에게 통지를 했습니다.
La police m'a donné la notification de cette affaire hier.

어제 경찰로부터 이 사건을 통지를 받았습니다.
J'ai reçu une notification de cette affaire de la police hier.

> 참고로 접촉을 한다는 의미의 '연락을 취하다'라고 할 때는 prendre contact를 쓴다.
>
> 연락을 취하다, 접촉을 하다 prendre contact

1장 행위 43

> 아래에 나오는 주소로 위원회에 연락을 취해 보세요.
>
> Prenez contact avec la commission à l'adresse figurant ci-dessus.
>
> 견적을 우리에게 보내달라고 요청하려면 기업에 연락을 취해야 할 거예요.
>
> Vous deveriez prendre contact avec l'entreprise pour leur demander de vous envoyer un devis.

정보를 주다 donner un renseignement
정보를 받다 recevoir un renseignement

폴은 경찰에 그에 관한 정보를 주었다.
Paul a donné (un/des) renseignement(s) sur ce point à la police.

경찰은 폴에게서 그에 관한 정보를 받았다.
La police a reçu (un/des) renseignement(s) sur ce point (de la part) de Paul.

설명을 하다 donner une explication à *qqn* (=expliquer)
설명을 (받다/듣다) recevoir une explication de *qqn*

그 점에 관해서는 제가 설명을 드리겠습니다.
Je vous donne une explication sur ce point.

(해명/변명)을 하다 donner des explications à *qqn*
(해명/변명)을 (받다/듣다) recevoir des explications de *qqn*

- '해명'이나 '변명'을 뜻할 때는 des explications(복수)으로만 쓰인다.

경고를 (하다/주다) donner un avertissement à *qqn*
경고를 받다 recevoir un avertissement de *qqn*
심판이 선수에게 경고를 준다.
L'arbitre donne (un avertissement / un carton) au joueur.

선수가 심판에게서 경고를 받는다.
Le joueur reçoit (un avertissement / un carton) de l'arbitre.

충고를 하다 donner un conseil à *qqn*
충고를 (받다/듣다/얻다) recevoir un conseil de *qqn*
내가 너한테 충고 하나 할게.
Je te donne un conseil.

가르침을 주다 donner (un enseignement/un conseil) sur *qqch* à *qqn*
가르침을 받다 recevoir l'enseignement de *qqn*
그녀는 내게 바르게 사는 방법에 관한 가르침을 주었다.
Elle m'a donné un enseignement sur l'art de vivre correctement.

보장을 하다 donner des garanties à *qqn*
보장을 받다 recevoir des garanties de *qqn*
그 친구가 온다는 걸 내가 보장을 하지.
Je te donne la garantie qu'il viendra.
- 절이 오지 않을 때는 항상 복수로 des garanties라고 쓰지만, 여기서는 qu'il viendra라는 절 때문에 la garantie가 되었음.

그 친구가 온다는 걸 보장을 받았어?
As-tu reçu la garantie qu'il viendra ?
- 비록 주절이 과거지만 que 절의 내용이 아직도 미래로 남아 있으므로 시제의 일치를 하지 않고 미래를 썼음.

확인을 하다 donner une confirmation à *qqn*
확인을 받다 recevoir une confirmation de *qqn*
경찰은 피해자들로부터 사실 확인을 받았다.
La police a reçu la confirmation de ce fait de la part des victimes.

권고를 하다 donner des exhortations à *qqn*
권고를 받다 recevoir des exhortations de *qqn*

지시를 (하다/내리다) donner des (directives / instructions) à *qqn*
지시를 받다 recevoir (directives / instructions) de *qqn*
저희들은 상부로부터 지시를 받았습니다.
Nous avons reçu des directives de nos chefs.

전화를 (하다/주다/넣다) (donner/passer/filer) un coup de téléphone à *qqn*
전화를 받다 recevoir un coup de téléphone de *qqn*
  • 속어에서는 un coup de fil을 쓴다.

팩스를 (보내다/넣다) (faire/donner/envoyer) un fax (de + 명사) à *qqn*
팩스를 받다 recevoir un fax (de + 명사) de *qqn*
제가 그 서류들을 팩스로 보내드리겠습니다.
Je vais vous faire un fax de ces papiers.
= Je vais vous faxer ces papiers.
= Je vais vous envoyer ces papiers par fax.
  • 이 두 문장이 가장 자주 쓰인다.

그 서류 팩스 잘 받았습니다.
J'ai bien reçu le fax de ces papiers.

답변을 (하다/주다) donner une réponse à *qqn*
답변을 받다 recevoir une réponse de *qqn*

그녀는 내게 아직 답변을 주지 않았다.
Elle n'a pas encore donné de réponse.

나는 그녀에게서 아직 답변을 받지 못했다.
Je n'ai pas encore reçu de réponse d'elle.

그 지원자에게 어떻게 부정적인 답변을 주지?
Comment donner une réponse négative au candidat ?

나는 심사위원으로부터 부정적인 답변을 받았다.
J'ai reçu une réponse négative (de la part) du jury.

전화를 (하다/주다) donner (un coup de téléphone / un appel)
전화를 받다 recevoir (un coup de téléphone / un appel)

그는 나에게 전화를 주었다.
Il m'a (donné / passé / filé) un coup de (téléphone / fil).
- 'un coup de fil'은 속어형이다.

나는 그에게서 전화를 받았다.
J'ai reçu un coup de (téléphone / fil) de lui.

메시지를 주다 donner un message
메시지를 받다 recevoir un message

서신을 주다 donner un courier
서신을 받다 recevoir un courier

이메일을 주다[보내다] donner (un email / un couriel)
이메일을 받다 recevoir (un email / un couriel)

'의견'은 우리말도 '주다'를 쓰는 경우인데 프랑스어에서도 donner를 쓴다.

의견을 주다 donner (un avis/une opinion) à *qqn*
의견을 받다 recevoir (un avis/une opinion) de la part de *qqn*

이때 한 가지 알아두면 좋은 것은 recevoir 대신에 항상 avoir가 가능하다는 점이다.

그에게서 아직 답장을 못 받았어.
Je n'ai pas encore reçu de réponse de sa part.
Je n'ai pas encore eu de réponse de sa part.

훌륭한 멘토에게서 좋은 조언을 얻었어.
J'ai reçu le bon conseil d'un excellent mentor.
J'ai eu le bon conseil d'un excellent mentor.

'자극' stimulation, '감동' émotion, '세례' baptême 등도 우리말과 같이 donner와 recevoir를 써서 표현한다.

자극을 주다 donner une certaine stimulation
자극을 받다 recevoir une stimulation
그 일은 나에게 자극을 주었다
Cette affaire m'a donné une certaine stimulation.

나는 그 일로부터 자극을 받았다.

J'ai reçu une stimulation de cette affaire.

감동을 주다 donner une émotion

감동을 받다 recevoir une émotion

그 음악은 청중들에게 깊은 감동을 주었다.

La musique a donné une forte émotion aux auditeurs.

청중들은 그 음악으로부터 깊은 감동을 받았다.

Les auditeurs ont reçu une forte émotion en écoutant cette musique.

9.2. '하다'를 faire로

☞ 하다 → faire

☞ 받다 → recevoir

앞의 경우와 달리 '하다'를 donner가 아니라 faire로 표현하는 명사들이 있다. donner와 어울리는 명사와 faire와 어울리는 명사들 사이에 명백한 의미 차이 같은 것은 없다. 무조건 외우는 수밖에는 없다. 이제 faire와 어울리는 명사들을 학습해 보자.

통보[발표]를 하다 faire une annonce à *qqn*

통보[발표]를 받다 recevoir une annonce de *qqn*

협상자들이 평화 조약에 관한 발표를 한다.

Les négociateurs font une annonce sur le traité de paix.

나는 경찰로부터 당황스러운 통보를 받았다.

Je viens de recevoir une annonce déconcertante de la part de la police.

선언[신고]을 하다 faire (la) déclaration de + 명사 à *qqn*

수입을 신고를 하셔야 합니다.

Vous devriez faire la déclaration de vos revenus.

- 사랑의 고백을 하다

    faire une déclaration d'amour à qqn

    뜨거운 고백을 하다

    faire des déclarations enflammées

신호를 하다 faire (un) signe à *qqn*
신호를 받다 recevoir (un) signe de *qqn*

내가 (신호를/연락을) 할게.

Je vais te faire (un) signe.

아직 그 사람한테서 연락 못 받았는데.

Je n'ai pas encore reçu (de) signe de lui.

- faire signe de는 관사없이 쓰거나 un과 함께 쓸 수 있는데, un이 부정문의 목적어 위치에서 쓰이면 de가 된다. 물론 관사없이 쓰는 경우가 더 빈번하다.

떠날 땐 연락을 해.

Fais-moi signe quand tu pars.

그는 내게 (신호를/연락을) 주었다.

Il m'a fait un signe.

나는 그에게서 (신호를/연락을) 받았다.

J'ai reçu un signe de sa part.

가족들은 자녀 입학과 관련하여 교장으로부터 긍정적인 연락을 받았다.

Les familles ont reçu un signe favorable de la part du directeur concernant l'admission des enfants à l'école.

암시를 하다[주다] faire (une) allusion à *qqn*
암시를 받다 recevoir une allusion de *qqn*
그는 내게 비밀 메시지에 관한 암시를 주었다.
Il m'a fait rapidement allusion à ce message confidentiel.

나는 그에게서 비밀 메시지에 관한 암시를 받았다.

J'ai reçu une allusion à ce message confidentiel de sa part.

지시를 하다 faire obligation + de 부정법 à *qqn* (=지시하다 obliger)
지시를 받다 recevoir l'obligation + de 부정법 de *qqn*
사장님이 너한테 출발하라고 지시를 했어.
Le patron t'a fait obligation de partir.

사장님에게서 출발하라고 지시를 받았지.

J'ai reçu l'obligation de partir du patron.

제안을 하다 faire (une proposition / une offre) à *qqn*
제안을 받다 recevoir (une propostion / une offre) de *qqn*
피고인이 피해자에게 제안을 하나 했다.
L'accusé a fait une proposition à la victime.

약속을 하다 faire une promesse à *qqn*
약속을 받다 recevoir une promesse de *qqn*

남편이 아이한테 모형 비행기를 사주겠다고 약속을 했어.

Mon mari a fait la promesse à notre enfant qu'il lui achètera une maquette d'avion.

아이가 남편에게서 모형 비행기를 사주겠다는 약속을 받았어.

Mon enfant a reçu la promesse de mon mari qu'il lui achètera une maquette d'avion.

나는 스마트폰을 약속했지.

J'ai fait la promesse d'un smartphone.

주문을 하다 (faire/passer) une commande à *qqn* (=주문하다 commander)
주문을 받다 (recevoir/prendre) une commande de *qqn*

주문 좀 받으세요. / 주문할 게 있는데요.

On a une commande à (faire / passer).

웨이터가 손님들의 주문을 받고 있다.

Le garçon du restaurant (reçoit / prend) les commandes des clients.

이 사업은 외주를 주기로 결정했다.

Pour cette affaire, on a décidé de faire une commande à l'extérieur.

이 회사는 주로 관공서에서 외주를 받아 일을 한다.

Cette société travaille principalement en recevant les commandes du service public.

우리말의 '발표', '강연', '설교' 등은 '받다'와는 결합하지 않고 '하다'와만 결합하는데, 이 점은 프랑스어에서도 마찬가지여서 faire를 쓴다.

발표를 하다 faire un exposé, faire une communication
각 참가자는 자신이 원하는 주제로 발표할 수 있습니다.
Chaque participant est invité à faire un exposé de son choix.

내일 학회에서 발표를 합니다.
Je vais faire une communication au colloque demain.

cf. communication에는 전언(message)라는 뜻도 있다.

전해드릴 말씀이 있습니다.
J'ai une communication à vous faire.
J'ai un message à vous communiquer.

'강연을 하다'는 faire와 donner를 모두 쓴다.

강연을 하다 (faire/donner) une conférence sur *qqch* à *qqn*
김교수님이 학생들에게 한국경제에 대한 강연을 하시겠습니다.
Le professeur Kim va donner une conférence sur l'économie coréenne aux étudiants.

강의를 하다 (faire/donner) un cours

반면에 일정 기간 동안 강의를 듣거나 강습을 받는 것은 suivre라고 한다. 일회성이 아니라 일련의 강의를 한 동안 받을 때는 이처럼 suivre(따르다)라고 한다.

강습을 받다 suivre un cours
나는 방학 동안에 수영 강습을 열심히 받았다.
J'ai suivi assidûment des cours de natation pendant les vacances.

연속극을 보는 것도 스토리를 쫓아가기 위해서 일정 기간 정기적으로 시청하는 것이므로 suivre를 쓴다.

TV 연속극을 보다 suivre un feuilleton à la télévision

'설교'는 morale이라고 표현할 수도 있고 leçon이라고 표현할 수도 있는데 전자는 faire, 후자는 donner와 결합한다.

설교를 하다 faire (de) la morale, faire un sermon; donner des leçons
나한테 설교를 하려 하지 마.
Ne me fais pas la morale !
Arrête de me donner des leçons !
- 단일 동사인 sermonner를 쓸 수 있고, 구어에서는 prêcher를 쓴다.

연설을 하다 faire[prononcer] un discours
설명을 하다 faire une explication (de texte)
논평을 하다 faire le commentaire (d'un texte)
농담을 하다 faire une blague

10 인사, 칭찬, 비판

☞ 하다 → faire
☞ 받다 → recevoir

인사, 감사, 칭찬 등의 상대에 대한 호의적인 행위와 질책이나 비난 등의 악의적인 행위들은 능동 구문에서 faire와 결합하고, 수동 구문에서 recevoir와 결합한다.

인사를 하다 faire un bonjour à *qqn*
인사를 받다 recevoir un bonjour de *qqn*
친구한테 인사를 한 거야.
J'ai fait un bonjour à mon ami.

인사[거수경례]를 하다 faire un salut à *qqn*
인사[거수경례]를 받다 recevoir un salut de *qqn*
• 이 표현은 faire un bonjour와 달리 친한 사이에서만 쓰인다.
나는 친구한테 인사를 했다.
J'ai fait un salut à mon ami.

중령이 대령에게 경례를 했다.
Le lieutenant a fait un salut au lieutenant-colonel.

볼키스를 하다 faire une[la] bise à *qqn*, se faire la bise
우리 볼키스할까?
On se fait la bise ?

별도의 명령이 있을 때까지는 만나거나 헤어질 때의 인사로 악수를 하거나 볼키스를 하는 것이 금지됩니다.

Il est interdit, jusqu'à nouvel ordre, de se serrer la main ou de se faire la bise pour se dire bonjour ou au revoir.

네 부인에게 인사 좀 전해 줘.
Tu feras une bise à ta femme de ma part !

- 전하다를 transmettre를 써서 표현하기도 한다.
 "네 동생에게 인사 좀 전해 줘."
 Tu feras une bise à ton frère de ma part !
 Passe le bonjour à ton frère de ma part !

recevoir une bise가 가능하지만 잘 쓰지는 않는다.

〈une bise와 la bise〉
관사에 따라 의미 차이가 있다. faire une bise는 글자 그대로 한 번 볼 키스를 한다는 뜻인 반면에, faire la bise는 보통 지역에 따라 2~4번 하는 볼키스를 한다는 말이다.
한편 bisou는 bise에 비해 보다 구어적인 단어로서, 아이들에게 쓰거나 혹은 친한 친구 사이에서 쓴다.

감사를 (하다/드리다) faire des remerciements à *qqn*
감사를 받다 recevoir des remerciements de *qqn*
그 아주머니가 나한테 고맙다고 하더군.
Cette dame m'a fait des remerciements.

그 아주머니한테서 고맙다는 말을 들었어.
J'ai reçu des remerciements de cette dame.

사과를 하다 faire[présenter] des excuses à *qqn*

사과를 받다 recevoir des excuses de la part de *qqn*

사장이 내 친구한테 사과를 했어.

Le patron a fait des excuses à mon ami.

내 친구가 사장한테 사과를 받았어.

Mon ami a reçu des excuses de la part du patron.

⟨CONSEIL PRATIQUE⟩

'사과'는 excuse이다. 영어에서 '사과'를 뜻하는 apology와 어원이 같은 apologie는 '변명, 변호, 옹호; 칭송, 예찬'의 뜻으로만 쓰이니 주의해야 한다.

faire l'apologie du crime 범죄의 정당성을 옹호하다
faire son apologie 자기변호를 하다

사과를 하다, 용서를 구하다
faire[présenter] des excuses à *qqn*
s'excuser de *qqch*
demander pardon à *qqn* pour *qqch*
나는 그 사람에게 진심으로 사과했다
Je lui ai présenté des excuses sincères.

사과를 받아들이다, 용서하다
나는 그의 사과를 받아들였다 / 나는 그를 용서했다
J'ai accepté ses excuses. / Je lui ai pardonné.

그는 나의 사과를 받아들이지 않았다.
Il n'a pas voulu accepter mes excuses.

> 사과를 요구하다
>
> exiger des excuses à *qqn*
>
> demander à *qqn* de présenter des excuses

demander pardon을 '사과를 요구하다'로 오해하면 안 된다. pardon은 '용서'이므로 이는 '용서를 구하다'는 뜻이 된다. '사과를 요구하다'는 demander à *qqn* de présenter des excuses 라고 해야 한다. 'Je vous demande pardon.'은 '용서를 구하다, 사과하다'의 뜻이고 'Je vous demande de présenter vos excuses.' 는 '사과를 요구하다'가 되니 혼동하면 안 된다.

recevoir 구문에서는 '...로부터'를 뜻하는 de la part de나 de가 쓰인다. 'de la part de + 명사'가 대명사화 되면 'de sa part, de leur part, de ma part' 등의 형태가 된다.

그에게서 사과를 받았어.

J'ai reçu des excuses de sa part.

(×) J'ai reçu des excuses (de lui / d'elle)

그는 내게 사업에 대한 조언을 주었다.

Il m'a donné des conseils sur les affaires.

나는 그에게서 사업에 대한 조언을 받았다.

J'ai reçu des conseils sur les affaires de sa part.

축하를 하다 (faire / donner / adresser) des félicitations à *qqn*
축하를 받다 recevoir des félicitations de *qqn*

심사위원들이 Paul한테 축하를 했습니다.
Le jury a (fait/donné/adressé) des félicitations à Paul.
- 심사위원단은 집합명사로 le jury.

헌정을 하다 faire (l')hommage de *qqch/qqn* à *qqn*
헌정을 받다 recevoir (l')hommage de *qqn*
그 사람은 자신의 첫 번째 책을 아내에게 헌정을 했습니다.
Il a fait l'hommage de son premier livre à sa femme.

경의를 표하다 (faire/offrir/présenter) ses hommages à *qqn*
경의의 표시를 받다 recevoir les hommages de *qqn*
모든 참석자들이 여왕에게 경의를 표했습니다.
Tous les participants ont fait leurs hommages à la reine.
- 이 때는 관사가 ses로 고정되어 있다. recevoir 구문에서는 ses가 les가 되는 데에 주의할 것.

조의를 표하다 (faire/offrir/présenter) (ses/des) condoléances à *qqn*
조문을 받다 recevoir (les/des) condoléances de *qqn*
- hommages(경의)와 달리 관사가 des가 될 수 있음.

환대를 하다 faire (un) bon accueil à *qqn*
환대를 받다 recevoir (un) bon accueil de *qqn*

냉대를 하다 faire (un) mauvais accueil à *qqn*
냉대를 받다 recevoir (un) mauvais accueil de *qqn*

윙크를 하다 faire un clin d'oeil à *qqn*
윙크를 받다 recevoir un clin d'oeil de *qqn*

사랑고백을 하다 faire une déclaration d'amour à *qqn*
사랑고백을 받다 recevoir une déclaration d'amour de *qqn*

과찬[덕담]을 하다 faire des flatteries à *qqn*
과찬[덕담]을 받다 recevoir des flatteries de *qqn*

flatterie는 사전에 보통 '아첨'으로 나오지만 실제로 프랑스어에서 이 단어는 '아첨'이라는 부정적인 뜻이 아니다. 단지 다소 과하게 칭찬한다는 뜻으로 중립적이거나 긍정적인 뜻으로 쓰인다. 그래서 오히려 '덕담'에 가깝다. 단일동사 flatter를 더 많이 쓴다.

과찬의 말씀이십니다.
Vous me flattez. (= Vous me faites des flatteries.)
Je suis flatté(e). (= Je reçois des flatteries.)

칭찬을 하다 faire un compliment à *qqn*
칭찬을 받다 recevoir un compliment de *qqn*

질책[훈계]을 하다 faire une réprimande à *qqn* (=réprimander)
질책[훈계]을 받다[듣다] recevoir une réprimande de *qqn*
경찰이 나를 훈계를 했다.
La police m'a fait une réprimande.
La police m'a réprimandé(e).

나는 훈계를 받았다.
J'ai reçu une réprimande.
J'ai été réprimandé(e).

비난[불평]을 하다, 면박을 주다 faire un reproche à *qqn* (=reprocher)

비난[불평]을 듣다, 면박을 받다 recevoir un reproche de *qqn*

그는 내게 한 번 실수한 것 가지고 심한 면박을 주었다.

Il m'a fait de vifs reproches pour une faute.

나는 그에게 한 번 실수한 것 가지고 심한 면박을 받았다.

J'ai reçu de vifs reproches pour une faute de sa part.

그 사람들한테 가서 불평을 좀 했지.

Je leur ai fait des reproches.
- 불평을 여러 번 하면 복수 des reproches가 되는 것은 당연.

고객들에게서 불평을 들었습니다.

J'ai reçu des reproches de la part des clients.

저는 이 차에 불평할[나무랄] 게 없습니다.

Je n'ai aucun reproche à faire à cette voiture.

그 친구 내가 너무 늦게 도착했다고 면박을 주더군.

Il m'a fait le reproche d'arriver trop tard.

나는 그 친구한테 너무 늦게 도착했다고 면박을 받았어.

J'ai reçu le reproche d'arriver trop tard de sa part.

그 사람들은 우리가 너무 빨리 가고 있다고 불평을 하고 있어요.

Ils nous font le reproche que nous allions trop vite.

질책을 하다, 훈계를 하다 faire des remontrances

아이에게 훈계를 했다.

J'ai fait des remontrances à l'enfant.

비판을 (하다/가하다) faire des critiques sur *qqn* (=critiquer)
비판을 받다, 비판이 되다 recevoir des critiques de *qqn*
- faire 대신 porter를 쓸 수 있다.

대학생들이 정부의 정책을 혹독하게 비판을 했습니다.
Les étudiants ont fait de violentes critiques sur la politique du gouvernement.

정부의 정책이 대학생들의 혹독한 비판을 받았습니다.
La politique du gouvernement a reçu de violentes critiques de la part des étudiants.

저를 비판하고 계시는군요.
Vous me faites des critiques.
Vous me critiquez.

나는 비판을 받았다.
J'ai reçu des critiques.
J'ai été critiqué(e).

주의를 주다 faire une observation, faire des remarques
주의를 받다 recevoir une observation, recevoir des remarques

선배가 후배에게 주의를 준다.
Un aîné fait une observation à son cadet.

그는 수업 시간에 떠들다가 선생님께 주의를 받았다.
Il a reçu des remarques de la part du professeur pour avoir bavardé pendant la classe.

중상을 하다 faire de la diffamation contre + 명사
중상을 (받다/당하다) recevoir de la diffamation de + 명사

그 친구는 회사를 중상을 하고 있어.

Il fait de la diffamation contre la société.

그러나 예외적으로 '비판'을 뜻하는 blâme은 faire를 쓰지 않고 donner, jeter를 쓰니, 이 점을 알아 두면 좋겠다.

비판을 하다 donner [jeter] un blâme
비판을 받다 recevoir un blâme

그는 내게 비판을 하였다.

Il m'a (donné / jeté) un blâme.

나는 그에게서 비판을 받았다.

J'ai reçu un blâme de lui.

- 다만 blâme이 '징계'를 뜻할 때는 donner와 recevoir를 허용한다. 이에 관해서는 「16. 징벌, 시련」 참조.

11. 금융행위

☞ 하다 → faire
☞ 받다 → recevoir

저축이나 대출 등 금융과 관련된 행위들을 나타내는 명사들은 faire와 결합한다. '받다'로 표현되는 수동적 의미로는 recevoir와 결합한다.

저축을 하다 faire des économies
내가 저축하는 법을 가르쳐 줄게.
Je vais t'expliquer comment faire des économies.

할인을 하다 faire une réduction
좀 깎아 주시나요?
Vous me faites une réduction ?

대출을 해주다 faire un prêt de + 금액 à *qqn*
대출을 받다 recevoir un prêt de + 금액 de *qqn*
Paris 은행이 나한테 천 유로를 대출을 해 주었어.
La BNP m'a fait un prêt de 1000 euros.
　• BNP는 Banque Nationale de Paris(국립 Paris 은행)의 약자.

Paris 은행에서 천 유로를 대출을 받았지.
J'ai reçu un prêt de 1000 euros de la BNP.

'대출을 받다'와 같은 뜻인 '융자를 내다'(돈을 빌리다)는 faire un emprunt이라고 한다.

입금을 하다 faire un versement de + 명사 à *qqn*
입금을 받다 recevoir un versement de + 명사 de *qqn*

송금을 하다 faire un virement de + 명사 à *qqn*
송금을 받다 recevoir un virement de + 명사 de *qqn*
저에게 500 유로를 송금해 주세요.
Faites-moi un virement de 500 euros, s'il vous plaît.
= Virez-moi 500 euros.

가불을 해주다 faire une avance à *qqn*
가불을 받다 recevoir une avance de *qqn*

양도를 하다 faire la concession de + 명사 à *qqn*
양도를 받다 recevoir la concession + 명사 de *qqn*
그 사람은 자기 친구에게 토지를 양도를 하기로 했더군.
Il a décidé de faire la concession du terrain à son ami.

환불을, 상환을 하다 (faire / effectuer) un remboursement
그는 빌린 돈을 질질 끌면서 갚지 않았다.
Il n'a pas (fait / effectué) un remboursement en le reportant toujours à plus tard.

'송금을 하다'의 경우 faire 이외의 다른 동사들을 쓸 수 있는데 다음과 같은 것들이다.

온라인으로 송금[입금]하다
faire un virement (bancaire) sur le Web [en ligne]
(faire / effectuer) (un dépôt / versement) d'argent sur le Web
verser une somme d'argent dans un compte d'épargne sur le Web

12. 동의, 협조

▶ 동의[허락, 협조, 지지, 도움]를
  ☞ 하다 → donner + 동의[도움]
  ☞ 받다 → recevoir + 동의[도움]

'허락', '동의', '협조', '지지' 따위의 명사들은 상대방의 제안에 동조한 다는 의미를 공통적으로 갖는데 이들은 능동의 의미를 실현할 때 (허락 을) '하다'를 기능동사로 쓰고 수동의 뜻을 나타낼 때는 (허락을) '받다' 뿐 아니라 '얻다'를 쓴다. 이때 '하다'는 프랑스어에서는 donner로, '받 다'는 recevoir로 표현한다.

> 허락을 하다 donner à *qqn* l'autorisation de 부정법
> 허락을 (받다/얻다) recevoir de *qqn* l'autorisation de 부정법
> 아버지가 외출해도 좋다는 허락을 하셨어.
> Mon père m'a donné l'autorisation de sortir.
>
> 외출해도 좋다는 허락을 받았어.
> J'ai reçu de mon père l'autorisation de sortir.

'동의'는 프랑스어로 다양하게 표현될 수 있으나 모두 donner, recevoir와 결합한다.

> 동의를 하다 donner le[son] consentement à *qqn*
> 동의를 받다[얻다] recevoir le consentement de *qqn*
>
> 동의를 하다 donner l'approbation à *qqn*
> 동의를 받다[얻다] recevoir l'approbation de *qqn*

이 결의안은 국회의 동의를 얻었다.

Cette résolution a reçu l'approbation de l'assemblée.

동의를 하다 donner (un/son) accord à *qqn*
동의를 (받다/얻다) recevoir l'accord de la part de *qqn*

집주인한테서 분명한 동의를 얻은 거야?

• 추상명사에 형용사 수식어가 붙으면 부정관사 un이 쓰임.

As-tu (reçu/eu) un accord explicite de la part du propriétaire ?

후원을 하다 (donner/offrir/prêter) son appui à *qqn*
후원을 (받다/얻다) recevoir un appui de la part de *qqn*

• offrir, prêter는 문어체임.

그 친구는 자기 친구한테서 확고한 후원을 받았다.

Il a reçu un appui ferme de la part de son ami.

de *qqn*을 다시 취할 때는 de sa part나 son을 쓴다. de lui를 쓰면 안 된다.

나도 그 사람한테서 확고한 후원을 받았는데.

(○) Moi aussi, j'ai reçu un appui **de sa part**.
(○) Moi aussi, j'ai reçu **son** appui.
(×) Moi aussi, j'ai reçu un appui **de lui**.

또 recevoir 대신 항상 avoir를 쓸 수 있다.

Il a **reçu** un appui ferme de la part de son ami.
= Il a **eu** un appui ferme de la part de son ami.

지지를 하다 (donner / apporter) son soutien à N

지지를 받다 recevoir le soutien de N

일본은 이 계획을 지지를 했습니다.
Le Japon a donné son soutien à ce projet.

이 계획은 일본의 지지를 받았습니다.
Ce projet a reçu le soutien du Japon.

내가 지지를 해 줄게.
Je te donne mon soutien.
= Tu as mon soutien.

도움을 주다 (donner / apporter) de l'aide à *qqn*
도움을 받다 recevoir l'aide de *qqn*

그가 내게 실질적인 도움을 주었다.
Il m'a (donné / apporté) une aide substantielle.

기업의 도움을[찬조를] 받는 게 좋겠어.
Nous ferions mieux de recevoir une aide de l'entreprise.

나 그 사람한테서 도움을 받았어.
J'ai (reçu/eu) son aide.

- 복수형으로 des aides라고 하면 '(행정적인) 지원금, 보조금'을, 즉 돈에 의한 도움만을 뜻한다.
  이 기업은 정부의 보조금을 받습니다.
  Cette compagnie (reçoit / a) des aides du gouvernement.

우리는 의학적 도움을 필요로 하는 모든 사람들이 지속적으로 도움을 받을 수 있도록 보장하려 합니다.
Nous voulons garantir que toutes les personnes nécessitant une aide médicale puissent continuer à la recevoir.

지지를 하다 donner son aval à *qqn* / *qqch*
지지를 (받다/얻다) recevoir l'aval de *qqn*

- donner일 때의 관사는 son이지만 recevoir의 관사는 l'인 데에 주의할 것.

캐나다는 이 계획을 지지했습니다.
Le Canada a donné son aval à ce projet.

이 계획은 캐나다의 지지를 받았습니다.
Ce projet a reçu l'aval du Canada.

내가 지지를 해 줄게.
Je te donne mon aval.

혜택을 주다 donner (un avantage / un privilège / une faveur / un traitement de faveur) à *qqn*
혜택을 받다[보다] recevoir (un avantage / un privilège / une faveur / un traitement de faveur) de *qqn*

고용주는 경력자들에게 특전을 주었다.
L'employeur a donné (des avantages particuliers / une faveur particulière) aux personnes expérimentées.

경력자들이 고용주로부터 특전을 받았다.
Les personnes expérimentées ont reçu (des avantages particuliers / une faveur particulière / des privilèges) de (la part de) leur employeur.

저희는 단골을 우대합니다.
Nous accordons un traitement de faveur aux clients fidèles [aux bons clients].

전문가들이 우대받는 것은 당연합니다.
Il est naturel que les professionnels reçoivent un traitement de faveur.

간호를 하다 donner des soins à *qqn*
간호를 받다 recevoir des soins de *qqn*
자식들의 극진한 간호를 받았지만 결국 어머니는 돌아가시고 말았다.
Cette mère avait reçu les plus grands soins de ses enfants, néanmoins elle a fini par mourir.

우리말에서는 '기회', '시간'의 경우 주거나 얻는다고 한다. '받다' 대신에 '얻다'를 쓰는 것이다. 이 경우에도 여전히 프랑스어에서는 recevoir를 쓴다.

기회를 주다 (donner / offrir) une opportunité à *qqn*; (donner / accorder) une chance à *qqn*
기회를 얻다 recevoir une opportunité de *qqn*
모두에게 동등하게 기회를 주어야 합니다.
Il faut donner (les mêmes opportunités / la même chance) à tous.

나한테 한 번 기회를 줘.
(Donne-moi / Accorde-moi) une nouvelle chance !

시간을 주다 (donner / accorder / laisser) du temps à *qqn*
시간을 얻다 recevoir du temps de *qqn*
이틀만 시간을 줄래?
Pourrais-tu me donner deux jours ?

'유예', '말미'를 뜻하는 délai, sursis와 '휴가' congé도 마찬가지이다.

유예를 주다 (donner / accorder / laisser) un délai à *qqn*
유예를 얻다[받다] (recevoir / obtenir) un délai de *qqn*
은행은 채무자에게 유예를 주었다.
La banque a (donné / accordé) un délai au débiteur.

채무자는 은행으로부터 유예를 받았다.
Le débiteur a (reçu / obtenu) un délai de la part de la banque.

이틀간의 유예를 줄 테니 잘 생각해 봐라
Je te (donne / laisse) deux jours de délai, alors réfléchis bien.

나는 Paul에게서 말미를 더 얻었다.
J'ai reçu un délai supplémentaire de (la part de) Paul.

휴가를 주다 donner un congé à *qqn*
휴가를 얻다[받다] recevoir un congé de *qqn*
사장은 내게 이틀간의 휴가를 주었다.
Le patron m'a donné deux jours de congé.

나는 사장으로부터 이틀간의 휴가를 얻었다.
J'ai reçu deux jours de congé de la part du patron.

▶ **인상, 느낌, 이미지를**
  ☞ 주다 → donner
  ☞ 받다 → avoir

한국어 '주다'-'받다' 구문에 대해 프랑스어 donner-avoir가 대응되는 관계이다. 이 같은 특이한 대응관계는 우리의 관찰로는 양국어에 있어서 '인상'과 impression, '느낌' sensation, '이미지' image 정도로 보인다.

그 나라는 내게 좋은 인상을 주었다.
Ce pays m'a donné (une) bonne impression.

나는 그 나라에 대해 좋은 인상을 받았다.
J'ai eu une bonne impression de ce pays.

그 나라는 내게 좋은 이미지를 주었다.
Ce pays m'a donné une bonne image.

나는 그 나라에 대해 좋은 이미지를 받았다.
J'ai eu une bonne image de ce pays.

그 화장품은 내게 기분좋은 느낌을 준다.
Ce produit de maquillage me donne une sensation agréable.

나는 그 화장품에서 기분좋은 쾌적한 느낌을 받았다.
J'ai eu une sensation agréable avec ce produit de maquillage.

13 '칠', '-질', 타격

프랑스어에서는 un coup de가 참 많이 쓰이는데, 대체로 우리말의 '-칠'과 '-질'로 끝나는 명사가 이와 잘 어울린다고 할 수 있다.

(1) 표면에 칠을 하는 행위 : -칠
　왁스칠 un coup de cirage
　분칠 un coup de fard
　래커칠 un coup de laque

(2) 무기를 사용하는 행위 : -질
　회초리질 un coup de fouet
　총질 un coup de pistolet 따위

(3) 연장이나 기구를 사용하는 행위 : …질
　삽질 un coup de bêche
　망치질 un coup de marteau
　다림질 un coup de fer
　걸레질 un coup de serpillière
　빗질 un coup de peigne
　청소기 돌리기 un coup d'aspirateur

(4) 신체부위 명사
　발길질하다 un coup de pied
　주먹질 un coup de poing
　헤딩 un coup de tête
　니킥 un coup de genou
　어깨로 치기 un coup d'épaule

▶ '--칠'을 하다 → donner un coup de + 명사

표면에 칠을 하는 행위를 나타내는 복합명사 '...칠'은 프랑스어로 『un coup de + 명사』로 표현된다. 이는 항상 donner와 함께 쓰인다.

    페인트칠을 하다 donner un coup de badigeon (=badigeonner)
    왁스칠을 하다 donner un coup de cirage (=cirer)
    그는 구두에 왁스칠을 하다.
    Il donne un coup de cirage à ses chaussures.

    분칠을 하다 donner un coup de fard (=farder)
    래커칠을 하다 donner un coup de laque (=laquer)

▶ '--질'을 하다 → donner un coup de + 명사

연장이나 기구를 사용하는 행위를 나타내는 복합명사 '-질'도 프랑스어로 『un coup de + 명사』로 표현되며, 역시 항상 donner와 함께 쓰인다. 여기에 속하는 것들은, 경우에 따라 반복적 행위를 나타내는 복수형 des coups de가 사용될 수 있다.

    삽질을 하다 donner un coup de bêche
    망치질을 하다 donner un coup de marteau
    곡괭이질을 하다 donner un coup de pioche (=piocher)
    톱질을 하다 donner un coup de scie (=scier)
    널빤지에 톱질을 해야겠다.
    Je vais donner un coup de scie à la planche.

    칼질을 하다 donner un coup de couteau
    다림질을 하다 donner un coup de fer (=repasser)

걸레질을 하다 donner un coup de serpillière
입구에 걸레질 좀 해라.
Donne un coup de serpillère à l'entrée !

비질을 하다 donner un coup de balai (=balayer)
빗질을 하다 donner (un coup/des coups) de peigne (=peigner)
아내가 딸의 머리를 빗질해 준다.
Ma femme donne un coup de peigne à ma fille.

다음과 같은 명사들은 우리말로는 '-질'의 형태가 아니지만 도구의 사용이므로 donner un coup de를 쓴다.

브레이크를 밟다 donner un coup de frein (=freiner)
가속기[악셀러레이터]를 밟다 donner un coup d'accélérateur (=accélérer)
진공소제기를 돌리다 donner un coup d'aspirateur
전화를 (하다/걸다/주다) donner un coup de télépnone
나중에 전화 줄게.
Je vais te donner un coup de téléphone.

경적을 울리다 donner un coup de klaxon (=klaxonner)

un coup de téléphone의 경우 donner대신 passer를 쓸 수도 있으며, 속어에서는 téléphone 대신 fil을 쓰고, 동사도 donner 대신 filer를 쓴다.

☞ **치다, 차다, 때리다** → donner
☞ **(얻어)맞다** → recevoir

우리말에서는 타격을 가하는 방식에 따라 기능동사가 달라진다.

    주먹으로 (때리다/치다), 발로 차다, 따귀를 (때리다/치다)

이들은 모두 사람을 목적어로 취한다. 그런데 주먹으로 때리는 경우, 속어에서는 더욱 다양한 기능동사가 결합된다.

    ~에게 한 방 (먹이다/갈기다/날리다/올려부치다)

프랑스어에서는 '때리다, 치다, 차다'를 구분하지 않고 표준 구어에서는 donner(주다)라고 하며 속어에서는 lancer(던지다)나 flanquer(집어던지다)를 쓴다. 우리말에서는 동사가 구체적인 동작을 구분하여 표현하는 반면에 프랑스어에서는 일반적이고 모호한 동사 하나를 쓰는 이런 현상은 자주 관찰된다. 우리말은, 옷을 '입다', 양말을 '신다', 장갑을 '끼다', 시계를 '차다', 반지를 '끼다' 등에서 볼 수 있듯이 여러 동사를 구분하여 쓰는 데 반해, 프랑스어는 porter 하나로 표현하는 예도 그러하다.

한편 신체 타격에 관한 표현은 우리말보다 프랑스어가 표준 구어에서는 더 점잖다고 할 수 있을 것 같다. 그저 donner, 즉 '준다'라고 하니까. 우리말에서 폭력을 가하는 동작 가운데 '꿀밤' 정도만 '준다'고 하지, 나머지는 '준다'고 표현하기엔 양에 안 찬다.

한편 주먹으로 치는 동작을 나타내는 표현에서 우리말 속어는 어떻게 보면 과격하고 어떻게 보면 유머러스하다. 주먹을 상대에게 '먹인다', '날린다'는 좀 유머러스한 것 같고 '갈기다'와 '올려부치다'는 좀 과격한 것 같다. 프랑스어에서는 envoyer, 즉 '보낸다'고 하니 과격한 어감은 덜하다.

그러나 그렇다고 프랑스어보다 우리말 표현이 과격하다는 일반론을 끌어내는 것은 안 된다. 왜냐하면, 첫째, 이 책에서는 소개하지 못하는 매우 과격한 비어적인 표현들이 프랑스어에 많고, 둘째로, 다른 사례에서는 그 반대도 많이 있기 때문이다. 한 가지만 예를 들면, 우리말은 차로 사람을 칠 때, '치다'라고 한다. 그러나 프랑스어에서는 이 때 écraser를 쓰는데, 뜻은 '으깨다, 으스러뜨리다, 눌러 부수다'라는 뜻으로, 매우 과격하다.

한편, '타격을 받는' 것은 donner의 반대인 recevoir(받다)가 된다. 예를 들어 우리는 '한 대 맞다', '한 대 얻어맞다'라고 하는 것을 프랑스어에서는 'recevoir un coup'라고 한다. 『donner + 타격 명사』가 가능하면 언제나 『recevoir + 타격 명사』도 가능하다. 아래에 제시하는 예에서는 편의상 자주 쓰이는 것들만 표시하기로 한다.

신체의 일부로 타격을 가하는 경우와 무기로 타격을 가하는 두 가지 경우로 나누어 보자.

▶ **신체로 타격을 가하다 donner un coup de ...**

한 방 먹이다/한 대 때리다 (donner/envoyer) un coup, donner une torgnole
한 방 먹다/한 대 맞다 recevoir un coup, recevoir une torgnole

내가 Paul한테 한 방 먹였지.
J'ai donné un coup à Paul.

한 대 갈기지 그랬어?
Pourquoi tu n'as pas donné une torgnole ?

그 아이는 매일 부모들에게 얻어 맞고 있습니다.
Cet enfant reçoit une torgnole de ses parents tous les jours.

발길질하다, 발로 차다 donner un coup de pied à *qqn*
발길질을 당하다, 발로 차이다 recevoir un coup de pied de *qqn*

죄수들은 엉덩이를 발길로 차였다[뒤에서 발길질을 당했다].
Les prisonniers ont reçu des coups de pied dans le derrière.

주먹질하다 donner un coup de poing à *qqn*
주먹질당하다 recevoir un coup de poing de *qqn*
내 친구가 주먹으로 이마를 맞았어.
Mon ami a reçu un coup de poing au front.

donner 대신에 porter를 쓸 수 있다.

치명타를 날리다 donner [porter] un coup mortel à *qqn*
최후의 일격을 가하다 donner [porter] le coup de grâce à *qqn*

따귀를 때리다 donner une (gifle/claque/baffe) à *qqn*
따귀를 맞다 recevoir une (gifle/claque/baffe) de *qqn*
그 여자가 나한테 따귀를 때리는 거야.
Elle m'a donné une gifle.

그 여자한테 따귀를 얻어맞았어.
J'ai reçu une gifle de cette fille.

카운터 펀치를 먹이다, 반격을 하다 donner un coup d'arrêt à *qqn*
카운터 펀치를 맞다, 반격을 받다 recevoir un coup d'arrêt de *qqn*
이 법안은 야당의 반격을 받았습니다.
Ce projet de loi a reçu un coup d'arrêt de l'opposition.

비유적으로만 쓰이는 용법이 있다. donner un coup de main이 그러한데, 이는 '도와주다'를 뜻한다. 이를 손으로 때린다는 뜻으로 오해하면 안 된다! 우리말의 '(도움의) 손길을 주다[건네다]'와 같은 것으로 이해해야 한다.

또한 main 대신에 pouce(엄지손가락)를 써도 비슷한데, 이는 특히 어려운 상황에 있는 사람을 밀어주거나 지원해 준다는 느낌을 준다. 프랑스어에서 '엄지척을 하다'라고 하면 'lever le pouce'라고 하는데, 이 엄지척을 생각하면 이해가 쉬울 것이다.

도움을 주다 donner un coup de main à *qqn*
도움을 받다 recevoir un coup de main de la part de *qqn*
나한테 도움 좀 줄래?
Peux-tu me donner un coup de main ?

(어려울 때) 도와주다 donner un coup de pouce à *qqn*
cf. ~에게 엄지척을 하다 lever le pouce en direction de qqn

▶ (무기로) 치다, 쏘다 → donner

총질을 하다, 총을 쏘다 donner un coup de feu
경관이 강도에게 총을 쏘았어요.
L'agent de police a donné un coup de feu au cambrioleur.

검으로 내려치다 donner un coup de sabre

회초리질을 하다/회초리로 때리다 donner un coup de fouet à *qqn*
(=fouetter)
회초리질을 당하다/회초리로 맞다 recevoir un coup de fouet à *qqn*

정신적인 충격에도 역시 donner를 쓰는 점은 재미있다.

충격을 주다 donner un choc

그것은 나한테 충격을 주었어.

Cela m'a donné un choc.

끝으로, 분명히 타격을 나타내는 명사이지만 donner가 아니라 faire를 쓰는 명사들이 있으니 주의를 요한다.
우선 '주사'를 놓는 것도 찌르는 행위이므로 일종의 타격으로 볼 수 있지만 기능동사는 faire를 쓴다.

주사를 놓다 faire une (injection/piqûre) à *qqn* (=injecter)
주사를 맞다 recevoir une (injection/piqûre) de *qqn*/*qqch*

간호사가 환자한테 (페니실린) 주사를 놓을 겁니다.

L'infirmière va faire une injection (de pénicilline) au malade.

간호사한테 (페니실린) 주사를 맞았어요.

J'ai reçu une injection (de pénicilline) de l'infirmière.

또한 국가에 한 방을 먹여 전복시키는 쿠데타(coup d'Etat)는 donner가 아닌 faire를 쓴다.

쿠데타를 일으키다 faire un coup d'Etat

군부가 쿠데타를 일으켰다.

L'armée a fait un coup d'Etat.

14. 연구, 조사, 수술

▶ 인지활동 : 하다 → faire

내용의 정리나 해석, 연구 따위의 인간의 인지적 활동을 표현하는 명사들은 faire와 결합한다.

> **해석을 하다** (faire/donner) une interprétation de + 명사 (=interpréter)
> 교수님이 어려운 구절을 해석을 하셨습니다.
> Le professeur a fait l'interprétation d'un passage difficile.
>
> **번역을 하다** faire une traduction de + 명사 (=traduire)
> **환언을 하다** faire une paraphrase de + 명사 (=paraphraser)
> **(논평/언급)을 하다** faire un commentaire de + 명사 (=commenter)
>
> **연구를 하다** faire une étude de + 명사 (=étudier)
> 고교수님이 이 텍스트에 대해 심도있는 연구를 하고 있습니다.
> Le professeur Ko fait une étude approfondie de ce texte.
>
> 심교수님이 이 현상에 대해 연구를 하고 있습니다.
> Le professeur Shim fait une étude de ce phénomène.
>
> 그 문제에 대해서는 연구된 것이 없다
> On n'a fait aucune étude [recherche] sur cette question.

참고로 '공부를 하다'는 복수로 faire des études, 특히 faire ses études 라고 표현함에 주의하자. 새로운 것을 연구하는 것과 달리 '공부'는 늘상 자기에게 주어진 것을 학습하는 것이라는 의미에서 소유형용사 ses를 쓴다.

그녀는 공부를 하려고 프랑스로 떠났다.
Elle est allée faire ses études en France.

학업을 마치고 무엇을 하실 생각이에요?
Qu'est-ce que vous voulez faire après avoir terminé vos études ?

요약을 하다 faire un résumé de + 명사 (=résumer)
그 영화 내용 좀 요약해 줘.
Fais-moi un résumé du film, s'il te plaît.

상황을 요약해 보세요.
Faites le résumé de la situation.

종합을 하다 faire une synthèse de + 명사 (=synthétiser)
많은 관찰 결과를 종합해야 합니다.
Il faut faire la synthèse d'un grand nombre d'observations.

결론을 내리다 faire la conclusion de + 명사 (=conclure)
이제는 응시자가 자기의 해설에 대한 결론을 내리고 있다.
Le condidat fait maintenant la conclusion de commentaire.

(내용을) 압축을 하다 faire un condensé de + 명사 (=condenser)
평가를 하다 faire une évaluation de + 명사 (=évaluer)
우리는 평가를 하기 위해 엄청난 시간을 들였다.
Nous avons eu énormément de temps pour faire une évaluation.

이 프로젝트는 우리의 영업실적을 평가함을 목적으로 한다.
Le présent projet avait pour but de faire une évaluation de nos performances commerciales.

입증을 하다 faire une démonstration de + 명사 (=démontrer)
그 변호사는 피고의 무고함을 입증을 했어요.
L'avocat a fait la démonstration de l'innocence de cet accusé.

증명을 하다 faire [donner] la preuve de + 명사 (=prouver)
이 실험은 기름이 물보다 가볍다는 것을 증명을 합니다.
Cet expérience fait la (preuve / démonstration) que l'huile est plus légère que l'eau.

기획을 하다 faire la planification de + 명사 (=planifier)
계획을 (하다/짜다/세우다) faire le plan de + 명사
우리 여행 계획 짜고 있어.
Je fais le plan de notre voyage.

우리 미래에 대한 계획을 세우자.
On va faire des plans d'avenir.

정탐을 하다, 스파이짓을 하다 faire de l'espionnage (=espionner)
그 사람들이 우리 그룹에 스파이짓을 하고 있는 것 같아요.
Ils semblent faire de l'espionnage concernant notre groupe.

훈련을 시키다 faire l'entraînement de *qqn* (=entraîner)
코치가 육상선수들을 훈련시키고 있습니다.
L'instructeur fait l'entraînement des athelètes.

▶ 조사, 검토 활동
 ☞ 하다 → faire,
 ☞ 되다 → subir

다음의 '조사'와 '검토'를 뜻하는 다음의 명사들은 능동 의미('하다')로는 faire를 쓰지만 수동적 의미('되다', '받다')로 쓰일 때는, recevoir가 아니라 subir(받다, 당하다)를 쓰는 공통성을 갖고 있다.

조사[수사]를 하다
faire [procéder à, conduire] une enquête,
faire un examen (=examiner)
조사[수사]가 되다, 조사[수사]를 받다
subir une enquête,
se faire examiner, se faire interroger

그 범죄에 대해서는 아무것도 조사[수사]된 것이 없다.
On n'a fait aucune enquête sur ce crime.

이 문제는 조사가 되지 않았다.
Cette question n'a pas subi d'enquête.
Cette question n'a pas été examinée.

나는 경찰로부터 수사를 받았다.
J'ai subi une enquête de la part de la police.

다만 recensement은 subir와의 결합형이 잘 쓰이지 않는다. 대신 단일동사 recenser의 수동형이 쓰인다.

조사를 하다 faire un recensement de + 명사

정부에서 인구조사를 한다.

Le gouvernement va faire un recensement de la population.

한국의 인구가 조사되었다.

La population coréenne a été recensée.

분석을 하다 faire une analyse de + 명사 (=analyser)
분석이 되다 subir une analyse de + 명사
송교수님은 설득력있는 텍스트 분석을 했습니다.

Le professeur Song a fait une analyse convaincante de ce texte.

송교수님에 의해 설득력있는 텍스토 분석이 이루어졌습니다.

Ce texte a subit une analyse convaincante de la part du professeur Song.

검토를 하다 faire un examen de + 명사 (=examiner)
검토가 되다 subir un examen
연구원들이 그 문제에 대해 면밀한 검토를 했습니다.

Les chercheurs ont fait un examen minutieux de ce problème.

그 문제는 연구원들에 의해 면밀한 검토가 되었습니다.

Ce problème a subi un examen minutieux de la part des chercheurs.

(검사/검색)를 하다 faire le contrôle de + 명사 (=contrôler)
(검사/검색)를 받다 subir le contrôle de + 명사
안전관리부가 이 장치의 엄격한 검사를 하고 있습니다.

Le service de sécurité fait un contrôle sévère de ce dispositif.

이 장치는 안전관리부의 정기적인 검사를 받고 있습니다.

Ce dispositif subit un contrôle règulier de la part du service de sécurité.

경찰은 마약이 없는지 확인하려고 가방 검색을 한다.

La police fait un contrôle des sacs pour vérifier s'il n'y avait pas de drogue.

우리 기업은 세무서로부터 세무검사를 받았다.

Notre entreprise a subi un contrôle fiscal de la part des impôts.

contrôle은 '감독', '검문'이나 '단속'의 뜻으로도 쓰인다.

(감독/검문/단속)을 하다 faire un contrôle
(감독/검문/단속) 받다[당하다] subir des contrôles, faire l'objet de contrôles

심문을 하다 faire un interrogatoire, faire une audition
심문을 받다 subir un interrogatoire, subir une audition
심문은 판사에 의해서만 행해질 수 있다.

Un interrogatoire ne peut être fait que par un juge.

피고인은 판사에게 심문을 받았습니다.

Le prévenu a subi un interrogatoire de la part du juge.

- audition과 interrogatoire의 차이 :
  증인 심문 audition d'un témoin
  피의자, 피고 심문 interrogatoire d'un inculpé

분류를 하다 faire (un classement / une classification) (=classifier)

직원들이 이 서류들의 임시적인 분류를 하고 있습니다.

Les employés font un classement provisoire de ces papiers.

이 서류들은 직원들에 의해서 임시적인 분류가 되고 있습니다.

Ces papiers subissent un classement provisoire de la part des employés.

이 자료들, 분류를 하세요.

Faites le classement de ces documents.

▶ **수술**(opérations chirurgicale)
  ☞ (수술을) 하다 → faire, pratiquer
  ☞ (수술을) 받다 → subir

우리말은 수술을 '하다'라고 쓴다. 재미있는 점은 의사도 수술을 '한다'라고 하고 환자도 수술을 '한다'라고 한다('너 수술했다면서?'와 같이)는 점이다. 이런 예는 우리말에 많다. 점장이도 점을 '보고', 점보러 간 사람도 점을 '본다'고('점장이한테 점보러 간다'에서처럼) 한다. 또 학생도 시험을 '보고', 선생님도 시험을 '본다'고('다음 주에 중간고사를 보겠다'에서처럼) 한다.

어쨌든 우리말에서는 수술을 '하다' 혹은 문어적 표현으로 '시행하다'라고 하는데, 프랑스어로는 faire(표준 구어)와 pratiquer(다소 문어적)가 된다. '(환자가) 수술을 받'는 것은 subir로 표현한다.

수술을 하다 faire une opération à *qqn*, pratiquer une opération sur *qqn*

(faire/ pratiquer) une intervention chirurgicale (à/sur) *qqn*

수술을 받다 subir une opération de *qqn*
　　　　　 subir une intervention chirurgicale

외과전문의가 아들을 수술을 합니다.
Le chirurgien (fait/pratique) une opération (à/sur) mon fils.

김박사님이 마취 수술을 잘 합니다.
Le docteur Kim (fait/pratique) une bonne opération sous anesthésie.

이박사님이 저에게 수술을 하셨습니다.
Le chirurgien Lee m'a fait une intervention chirurgicale.

제왕절개 수술을 하다 (faire/pratiquer) une césarienne à/sur *qqn*
제왕절개 수술을 받다 subir une césarienne de *qqn*

주름살 제거 수술을 하다 (faire/pratiquer) un lifting à/sur *qqn*
주름살 제거 수술을 받다 subir un lifting de *qqn*

그 아주머니는 주름살 제거 수술을 받았대.
La dame a subi un lifting.

(팔·다리) 절단 수술을 하다 (faire/pratiquer) une amputation de *qqch* (à/sur) *qqn*
(팔·다리) 절단 수술을 받다 subir une amputation de *qqn*

외과전문의가 환자에게 다리 절단수술을 했다.
Le chirurgien a (fait/pratiqué) une amputation de la jambe au malade.

외과전문의가 환자에게 다리 절단수술을 했다.
Le malade a subi une amputation de la jambe de la part du chirurgien.

(장기) 절제수술을 하다 (faire/pratiquer) une ablation de *qqch* sur *qqn*
(장기) 절제수술을 받다 subir une ablation de *qqch* de *qqn*
의사는 환자에게 신장 절제수술을 했다.
Le médecin a pratiqué une ablation du rein sur le malade.

한편 se faire opérer로 표현할 수도 있는데, 이렇게 표현하는 경우가 좀 더 잦은 편이다.

나 어제 수술(받았어/했어).
Je me suis fait opérer hier.
J'ai été opéré(e) hier.

한편 '진료[치료]를 하다/받다'는 어떻게 표현할까? 수술과 달리, 기능동사로 donner와 recevoir를 쓴다.

치료를 하다 donner des soins médicaux, donner un traitement médical
진료 중인 의사만이 적절한 치료를 하기 위한 최종 결정을 내릴 수 있다.
Seul un médecin, en consultation avec son patient, peut prendre la décision finale de donner le traitement médical approprié.

치료를 받다 recevoir des soins médicaux, recevoir un traitement médical

그녀는 적합한 치료를 받기 위해 파리로 갔다.

Elle s'est rendue à Paris pour y recevoir le traitement médical adéquat.

- 정기적으로 진료를 받는다면 9.2.에서 보았던 suivre를 써서 'suivre un traitement médical'이라고 한다.

물론 '치료를 받다'를 se faire를 써서 표현할 수도 있다.

그는 유능한 의사에게 진료를 받고 있다.

Il se fait soigner par un médecin compétent.

15 모욕, 거절

▶ '창피', '모욕', '수모' 따위
  ☞ 주다, 하다 → faire 혹은 infliger
  ☞ 받다, 당하다 → subir 혹은 essuyer

'창피, 모욕, 수모' 등의 명사들은 '주다'나 '하다'와 결합한다. 그리고 수동적 의미를 나타낼 때는 '당하다'나 '받다'를 쓴다.
'당하다'는 우리말에서 대개 좋지 않은 종류의 일을 뜻하는 명사가 주어 자리에 올 때 사용되는 동사다. 여기에 해당하는 프랑스어는 subir라 할 수 있다. 예를 들어 '불행을 당하다'는 다음과 같이 표현된다.

　이 사람들은 말로 표현할 수 없는 불행을 당했습니다.
　Ces gens ont subi des malheurs indescriptibles.

'창피, 모욕, 수모' 등의 명사들은 프랑스어에서도 비교적 공통성을 띠는데, 우선 사역형에서는 faire나 infliger를 쓰고, 수동형에서는 subir나 essuyer를 쓴다. 여기서 주의할 점은 우리말이 '주다'라고 donner를 생각하면 안 된다는 점과, 사역형에서 faire와 infliger가 모두 쓰이는 명사도 있지만, 명사에 따라서는 둘 중 하나와만 결합하는 경우도 있다는 점이다.
우선 단어들을 살펴보자.
'모욕'을 뜻하는 표현들 가운데, offense(모욕)는 상대의 무례함으로 인해 상처를 받음을 이르는 말이고, affront(수모)은 상대의 도발적 행위에 따른 자존심의 상처를 강조하는 말이며, humiliation와 honte(창피, 무안)는 이보다는 약간 약한 말로, affront과는 달리, 반드시 남의 도발적 행위에 의한 것이 아니라, 대체로 본인이 느끼는 열등감을 뜻하는 말이다.
한편 문어에서는 vexation(모욕감)은 자존심의 상처를 입음을 뜻하는 말이고, outrage(굴욕, 치욕)는 이보다 더 강한 단어로 '굴욕'에 해당하고 camouflet(수모)는 모욕적 상황에 빠짐을 이르는 말이며, déshonneur(불명예, 수치)는 명예의 손상을 이르는 말이다.

1. 다음 명사들은 faire와 infliger 모두와 결합한다.

   굴욕을 주다 faire (un) affront, infliger un affront à *qqn*
   굴욕을 당하다 subir [essuyer, recevoir] un affront de *qqn*
   • être victime d'un affront 도 가능하다.

   그 사람은 회의장에서 쫓겨나는 수모를 당했다.
   Il a subi l'affront d'avoir été chassé de la salle de conférence.

   그곳에서 나는 뜻하지 않은 수모를 당했다.
   Là-bas, j'ai subi un affront inattendu.

   굴욕감을 주다 (infliger/faire) un outrage à *qqn*
   굴욕을 당하다 (subir / essuyer) un outrage de *qqn*

   창피를 주다 faire honte, infliger une honte
   창피를 당하다 (subir / essuyer) une honte (=; être humilié(e), être submergé(e) de honte)

2. 다음 명사들은 faire와만 결합한다. '모욕', '경멸', '멸시' 등 남의 자존심에 상처를 주는 공격적 행위를 나타내는 단어들이라 생각하면 된다.

   모욕을 하다 faire une offense à *qqn*
   모욕을 (받다/당하다) subir une offense de *qqn*

모욕을 주다 faire des vexations à *qqn* (=vexer)
모욕을 (받다/당하다) subir les vexations de *qqn*
- vexations은 매우 문어적인 표현으로, 구어에서는 전혀 안 쓴다.

불명예를 주다 faire un déshonneur à *qqn* (=déshonorer)
불명예를 당하다 (subir / essuyer) un déshonneur
- 반의적 표현인 '영광을 주다'(영광스럽게 하다)는 faire honneur à *qqn* 이다.

다만 faire des vexations과 faire un déshonneur보다는 단일동사인 vexer와 déshonorer를 더 많이 쓴다.

공격을 하다 faire une agression contre *qqn*
공격을 (받다/당하다) subir une agression de *qqn*
- agression(공격)과 offensive(공세)는 전치사가 contre이다.

공세를 취하다 faire une offensive contre *qqn*
공세를 받다 subir une offensive de *qqn*
Apple은 IBM에 공세를 취하고 있습니다.
Apple fait une offensive contre IBM.

IBM은 Apple에 공세를 받고 있습니다.
IBM subit une offensive d'Apple.

트집을 잡다, 억지를 부리다 faire des chicaneries à *qqn*
억지부림을 당하다 subir des chicaneries de *qqn*
그 녀석이 너한테 억지를 부리는 거야.
Ce type te fait des chicaneries.

세 시간 동안 그 녀석한테 억지부림을 당했다.

J'ai subi les chicaneries de ce type pendant trois heures.

3. 그런데 상대에 대한 공격적인 행위를 뜻하는 위의 어휘들과 달리, 자존심의 상처로 인해 발생하는 감정을 나타내는 다음과 같은 어휘들은 faire가 아닌, infliger를 쓰는 것에 유의하자. humiliation(자존심 상함, 창피)과 outrage(굴욕감), camouflet(수모감)가 그러하다.

창피[수모감]를 주다 infliger une humiliation à *qqn* (=humilier)
창피[수모감]를 당하다 subir une humiliation de *qqn*

반 아이들이 새로 온 아이한테 창피를 주었어요.

La classe a infligé une humiliation au nouvel arrivant.

새로 온 아이가 반 아이들한테 창피를 당했어요.

Le nouvel arrivant a subi une humiliation de la part de la classe.

저 녀석이 내 친구한테 크게 창피를 주었어.

Ce type-là a infligé une humiliation terrible à mon ami.

내 친구가 그 사람한테(서) 크게 창피를 당했어.

Mon ami a subi une humiliation terrible de sa part.

우리 팀은 완패의 수모를 당했다.

Notre équipe a subi l'humiliation d'une défaite totale.

나는 온갖 창피를 다 당했다.

J'ai subi toutes sortes d'humiliations.

수모를 주다 infliger un camouflet à *qqn*
수모를 당하다 subir un camouflet de *qqn*

violence는 폭력적인 행위를 나타내는 말임에도 이상하게 faire가 안 되고 infliger만 된다. 하긴 우리말도 '하다'가 안 되고 '가하다'나 '행사하다'를 써야 하니 양국어에서 '폭력'은 별도로 취급하는 것 같다.

폭력[폭행]을 가하다[행사하다] infliger des violences
폭력[폭행]을 당하다 subir des violences
그 아이는 폭행을 당했다.
Cet enfant a subi des violences.

⟨CONSEIL PRATIQUE⟩
subir가 항상 나쁜 뜻의 명사와만 어울린다는 말은 아니다. 인지적 활동을 뜻하는 명사들 가운데, 앞에서도 보았듯이, analyse, examen 따위는 subir와 결합한다.
심지어 좋은 뜻의 명사와도 함께 쓰이는 경우도 있다.

초안이 개선이 되었습니다.
Ce projet a subi des améliorations.

건강검진을 받았다.
J'ai subi un examen (médical / de santé)
J'ai subi une analyse médicale.

▶ 거절을
  ☞ 하다 → opposer
  ☞ 당하다 → essuyer

이러한 관계를 보이는 명사는 많지 않다.
'거절'의 경우 우리말은 '하다'와 결합하는데, 프랑스어에서는 opposer 와 결합한다. opposer un refus를 거절을 반대하는 것으로 해석해서는 안 되겠다!

거절을 하다 opposer un refus à *qqn*
거절을 당하다 essuyer un refus de *qqn*
Marie가 Paul한테 단호한 거절을 했어.
Marie a opposé un refus catégorique à Paul.

Paul이 Marie한테 단호한 거절을 당했어.
Paul a essuyé un refus catégorique de la part de Marie.

저는 가차없이 거절을 당했어요.
J'ai essuyé un refus tout net.

거절을 당하다, 퇴짜를 맞다 essuyer un rejet

반박을 (가)하다 (faire / opposer) un démenti sur *qqch* à *qqn* (=démentir *qqch*)
반박을 (당하다/받다) essuyer un démenti de *qqn*
나는 정부에 대한 그 국회의원의 발언에 반박을 했다.
J'ai (opposé / fait) un démenti sur les paroles de ce député au gouvernement.

그 사람의 의견은 즉각 반박을 당했다.

(Son opinion / Ce député) a tout de suite essuyé une contradiction.

(Ce journal / Cette information / Son argument) a essuyé un démenti.

= Son opinion a tout de suite été (réfutée / contredite).

16. 징벌, 시련

☞ 가하다, (부과)하다 → infliger
☞ 당하다, 받다 → subir

'징벌', '고문' '패배' 등 시련을 나타내는 명사에 대해 알아보자. 이들은 능동구문에서 '가하다'를 뜻하는 infliger를, 수동구문에서 '당하다'를 뜻하는 subir를 쓰는 공통점을 가진다.
우선 '징벌'을 뜻하는 châtiment을 보자.

징벌을 (가)하다 infliger un châtiment à *qqn* (=징벌하다 châtier)
징벌을 받다 subir un châtiment de la part *qqn*

한국어의 '형벌, 벌'에 해당하는 peine도 마찬가지로 infliger-subir와 결합한다.

형(벌)을 가하다[주다] infliger une peine
형(벌)을 받다 subir une peine
그는 (징역)형을 받았다.
Il a subi une peine de prison.

기합을 주다 infliger une peine disciplinaire
기합을 받다 subir une peine disciplinaire
소대장은 우리에게 기합을 주었다.
Le chef de section nous a infligé une peine disciplinaire.

우리는 소대장으로부터 기합을 받았다.
Nous avon subi une peine disciplinaire de la part du chef de section.

다만 punition(벌, 처벌)은 수동구문에서 subir가 아닌 recevoir를 쓰니 주의해야 한다.

벌을 주다, 처벌을 하다 infliger [donner] une punition
벌을 받다, 처벌을 받다 recevoir une punition

'징계'에 해당하는 sanction이나 blâme도 마찬가지로 infliger-sublir와 결합한다.

징계를 하다[주다] infliger une sanction
징계를 받다 subir une sanction
우리는 그에게 징계를 주기로 결정했다.
On a décidé de lui infliger une sanction.

그는 3개월의 징계를 받았다.
Il a subi [purgé] une sanction de 3 mois.

징계를 하다[주다] infliger [donner] un blâme
징계를 받다, 제재를 (당하다/받다) subir [recevoir] un blâme
판사는 그 공무원을 징계를 주었다.
Le juge a infligé [donné] un blâme au fonctionnaire.

그 공무원은 징계를 받았다
Le fonctionnaire a subi [reçu] un blâme de la part du juge.
• blâme은 '비판'의 뜻일 때는 faire와 어울린다.(cf. 「10. 인사, 칭찬, 비판」)

제재를 (가)하다 infliger une sanction à *qqn* (=sanctionner)
제재를 (당하다/받다) subir une sanction de *qqn*

미국은 이라크에 경제적인 제재를 가했습니다.

Les Etats-Unis ont infligé des sanctions économiques à l'Irak.

이라크는 미국으로부터 경제적인 제재를 당했습니다.

L'irak a subi des sanctions économiques de la part des Etats-Unis.

배급제한을 (실시)하다 infliger un rationnement à *qqn* (=rationner)
배급제한을 (받다/당하다) subir un rationnement de *qqn*
정부가 휘발유에 대한 배급제한을 실시하기로 했대요.

Le gouvernement a décidé d'infliger un rationnement de l'essence.

고문을 (하다/가하다) infliger une torture à *qqn* (=torturer)
고문을 (당하다/받다) subir la torture de *qqn*

'유죄판결'을 뜻하는 condamnation은 infliger뿐 아니라 prononcer도 쓰인다.

유죄판결을 내리다 infliger [prononcer] une condamnation (à l'encontre de / contre) *qqn* (=condamner)
유죄판결을 받다 subir une condamnation de *qqn*
판사가 피고에게 유죄판결을 내렸어요.

Le juge a (infligé/prononcé) une condamnation à l'encontre de l'accusé.

법정은 피고에게 (사형/징역형)을 내렸어요.

Le tribunal a (infligé/prononcé) une condamnation (à mort / à l'emprisonnement) à l'encontre de l'accusé.

피고가 (판사한테서) 유죄판결을 받았어요.

L'accusé a subi une condamnation (de la part du juge).

우리말 구조와 달라서 쓰기가 쉽지 않은 '실패'와 '패배'도 학습해 두자.

실패를 (보게 하다/안기다/시키다) infliger un échec à *qqn*
실패를 보다 subir un échec de *qqn*
그 녀석 때문에 실패를 봤어.
Ce type m'a infligé un échec.
J'ai subi un échec (de sa part.)

패배를 안기다 infliger une défaite à *qqn*
패배를 당하다 subir une défaite de *qqn*
한국 축구팀은 일본팀에게 패배를 안겼다.
L'équipe coréenne de football a infligé une défaite à l'équipe japonaise.

일본 축구팀은 한국팀에게 패배를 당했다.
L'équipe japonaise de football a subi une défaite de la part de l'équipe coréenne.

결승에서 아깝게 패배를 당하다
essuyer [concéder, connaître] une défaite rageante en finale, subir [essuyer, concéder] une défaite en finale avec très peu d'écart

최근 우리 팀은 연패를 당했다.
Ces temps-ci, notre équipe a essuyé une série de défaites.

그들은 완패를 당했다

Ils ont subi [essuyé] une défaite totale [écrasante].
Ils ont subi [essuyé] une raclée.

그들은 참혹한 패배를 당했다.

Ils ont essuyé une défaite humiliante [cuisante, écrasante].

우리는 약팀에게 참패를 당했다.

Nous avons subi [essuyé] une défaite humiliante [cuisante, magistrale] face à une équipe faible.
Nous avons subi une déroute [essuyé une déroute] face à une équipe faible.
= Nous nous sommes fait écraser par une équipe faible.

우파가 총선에서 좌파에게 참패를 당했다.

La droite a subi une défaite humiliante face à la gauche aux élections législatives.

낙선을 하다 subir [essuyer] une défaite électorale

그는 지난 선거에서 낙선했다.

Il a subi une défaite électorale aux dernières élections.
= Il a été battu[s'est fait battre] aux dernières élections.

패배를 안기다 infliger un revers à *qqn*
패배를 당하다 (subir/essuyer) un revers de *qqn*

▶ 어려움, 고초를
  ☞ 겪다 → essuyer, subir

우리말의 경우 '어려움'이나 '고초'는 '겪다'와 결합한다. 이 같은 의미를 나타내는 명사들은 프랑스어에서 모두 subir 혹은 essuyer와 결합하는 경향이 있다.

고초[어려움]를 겪다 essuyer [subir] de dures épreuves
물난리를 겪다 essuyer [subir] une inondation
올해도 농민들은 연속적인 물난리를 겪었다.
Cette année aussi, les paysans ont subi une nouvelle série d'inondations.

손실[손해]을 보다[입다] subir [essuyer] une perte
홍수로 막대한 손실을 입다
subir [essuyer] des pertes [des dégâts] considérables lors d'une inondation.

우리 회사는 많은 손해를 보았다.
Notre société a subi beaucoup de pertes.

올해 나는 커다란 손실을 보았다.
Cette année, j'ai essuyé (une lourde perte / une perte considérable)

시련을 겪다[당하다] essuyer [subir] des épreuves
저격을 당하다 essuyer un coup de feu
그 사람은 오늘 아침에 저격을 당했다.
Il a essuyé un coup de feu ce matin.

포격을 당하다[받다] essuyer un tir d'artillerie (=être bombardé(e))

한국어에서는 '만나다'로 표현하는 폭풍우 같은 것들도 일종의 피해이기 때문에 프랑스어에서는 essuyer를 쓴다.

폭우를 만나다 essuyer une averse
폭풍우를 만나다 essuyer une tempête
모진 풍상을 겪다 subir d'atroces souffrances

전보를 당하다 essuyer un transfert
나는 지방으로 전보를 당했다
J'ai essuyé un transfert dans une province.
J'ai été transféré(e) (en / vers une) province.

▶ '받다', '당하다'를 se faire V로

우리말 '받다', '당하다'를 기능동사 구문 이외에도 se faire V 구문으로 표현하는 방법이 있다. 예컨대, 다음과 같이 '습격을 받다'를 subir une attaque 라고 하는 대신 se faire attaquer 라고 쓰는 것이다.

우리 부대는 적의 습격을 받았다.
Nos troupes ont subi une attaque de l'ennemi.
Nos troupes se sont fait attaquer par l'ennemi.

실제로 프랑스어에서는 많이 쓰는 구문이나 한국인들은 잘 몰라서 거의 사용하지 못하는 구문이다.
이 구문은 특히 간접목적어를 주어로 하여 수동태를 꾸미고 싶을 때 꼭 필요한 구문이다. 프랑스어에서는 간접목적어는 수동태의 주어가 될 수 없기 때문이다.

다음과 같은 우리말의 피동구문을 프랑스어로 표현할 때 se faire V 구문을 쓰면 된다.

우리 팀은 1점을 감점 당했다.
Notre équipe s'est fait retirer un point.

이 문장은 다음 문장에 간접목적어인 à notre équipe을 주어 자리에 놓은 일종의 수동구문이라 할 수 있다.

심판은 우리팀에게서 1점을 감점했다.
L'arbitre a retiré un point à notre équipe.

다음 구문도 마찬가지이다.

채무자는 재산을 압류를 당했다.
Les débiteurs se sont fait saisir leurs biens.

17. 압력, 영향력, 폭력

☞ 행사하다; 넣다; 휘두르다 → exercer
받다, 당하다 → subir

'영향력' 등을 표현하는 명사는 우리말에서 '행사하다'라고 한다. 프랑스어에서도 마찬가지로 exercer와 결합한다. 또 수동을 나타내는 '당하다', '받나' 능은 subir로 표현한다.

우리말에서는 압력을 '넣는다'고 말하고 문어에서는 압력을 '행사한다'고 한다. 폭력은 구어에서는 '휘두른다'고 하고 문어에서는 '행사한다'고 한다. 이런 경우에 프랑스어에서는 모두 exercer라고 한다.

압력을 행사하다 exercer une certaine contrainte sur *qqn*
위원회가 유권자들에게 모종의 압력을 행사하고 있습니다.
Le comité exerce une certaine contrainte sur les électeurs.

압력[힘]을 가하다 exercer une certaine pression [물리적인 뜻]
압력[힘]을 받다 subir une certaine pression
이 무게가 차축에 너무 큰 힘을 가하고 있습니다.
Ce poids exerce une pression trop grande sur les essieux.

압력을 (행사하다/가하다) exercer une certaine pression sur *qqn* [정신적인 뜻]
압력을 받다 subir une certaine pression de *qqn*
노조가 회사에 거센 압력을 행사했다.
Le syndicat a exercé de fortes pressions sur la société.

회사가 노조로부터 거센 압력을 받았다.
La société a subi de fortes pressions (de la part) du syndicat.

폭력을 행사하다 exercer une certaine violence contre *qqn*

그 사람, 자기 친구들한테 마구 폭력을 행사했어요.

Il a exercé une grande violence contre ses camarades.

관사는, exercer 구문의 경우 un(e) certain(e)이 가장 일반적이다. 물론 수식어가 붙으면 그냥 un(e)이 언제나 가능하다.

그러나 subir 구문의 경우는 명사마다 다르기 때문에 간단하게 정관사 le/la를 쓰고 뒤에 『de + 명사』를 쓴다고 생각하면 된다. 왜냐하면 이것이 언제나 가능하기 때문이다.

물론 수식어가 붙어서 un/une가 되는 것도 언제나 가능하다.

압박을 (가)하다 exercer une certaine oppression sur + 명사 (=oppresser)
압박을 받다 subir l'oppression de + 명사

억압[탄압]을 (가)하다 exercer une certaine répression sur + 명사(=réprimer)
억압[탄압]을 (당하다/받다) subir la répression de + 명사

영향력을 (행사하다/미치다) exercer une certaine influence sur + 명사
영향을 받다 subir l'influence de + 명사

의장이 이 운동에 절대적인 영향력을 행사했다.

Le président a exercé une influence prépondérante sur ce mouvement.

이 운동은 의장의 절대적인 영향을 받았다.

Ce mouvement a subi une influence prépondérante de la part du président.

이 (작가는/소설은) 루소의 영향을 받았습니다.

(Cet écrivain/ce roman) a subi l'influence de Rousseau.

그는 이 작가의 책으로부터 큰 영향을 받았다.
Il a subi une grande influence du livre de cet auteur.

다음에서 action은 '행동'이나 '행위'가 아니라 '작용'이나 '영향력'을 뜻한다.

영향력을 (행사하다/미치다) exercer une certaine action sur + 명사
영향을 받다 subir l'action de + 명사

그 선생님은 우리 아이들한테 좋은 영향을 미칩니다.
Le professeur exerce une action bénéfique sur nos enfants.

우리 아이들은 그 선생님한테 좋은 영향을 받습니다.
Nos enfants subissent l'action bénéfique du professeur.

'영향'의 또 다른 등가어인 action도 동일한 관계를 보인다. 여기서의 action은 '행동'이나 '행위'가 아니라 '작용'이나 '영향력'을 뜻한다.

그 선생님은 우리 아이들한테 좋은 영향을 준다.
Le professeur (exerce / a) une action bénéfique sur nos enfants.

우리 아이들은 그 선생님한테 좋은 영향을 받는다..
Nos enfants subissent l'action bénéfique du professeur.

그러나 '파급효과'에 해당하는 répercussion은 비의도적인 의미를 나타내기 때문에 exercer와 donner는 불가능하고 avoir만 가능하다.

정치적 위기는 경제에 직접적인 파급효과를 준다.
La crise politique a des répercussions directes sur l'économie.

경제는 정치적 위기로부터 직접적인 파급효과를 받는다.
L'économie subit des répercussions directes de la crise politique.

지배력을 (행사하다/미치다) exercer un certain ascendant sur + 명사
지배를 받다 subir l'ascendant de + 명사

권한을 (행사하다/미치다) exercer une certaine autorité sur + 명사
권한을 행사당하다 subir l'autorité de + 명사

그런데 한 가지 알아두어야 할 것은, exercer 대신에 항상 avoir를 쓸 수 있다는 점이다. 다만 avoir를 쓸 경우의 의미는 행위가 아니라 상태의 의미라는 점이 다르다. 요컨대 우리말로 하면 exercer는 '(영향력을) 행사한다'라고 번역할 수 있는 반면 avoir는 '(영향력이) 있다'로 번역될 수 있는 정도의 차이가 있다는 것이다.

또 한 가지 흥미로운 점은 '억압'이나 '영향력'의 계열에 '매혹'도 들어간다는 점이다. 참으로 아름다운 '억압'이 아닐 수 없다.

매혹을 시키다 exercer une certaine fascination sur + 명사 (=매혹시키다 fasciner)
매혹을 당하다 subir la fascination de + 명사

매혹을 시키다 exercer un certain charme sur + 명사 (=매혹시키다 charmer)
매혹을 당하다 subir le charme de + 명사

그녀는 나를 매혹시킨다.
Elle exerce sur moi une certaine fascination.

나는 그녀에게 매혹된다.
Je subis son charme.

18. 피해, 충격, 위기 등

▶ (을) 초래하다, 야기하다 → causer, provoquer
▶ (을) 겪다; (이) 초래되다, 야기되다 → subir

프랑스어에서는 원인을 주어 자리에 놓고 결과를 목적어로 놓을 때 '~을 초래하다, 야기하다'의 의미를 나타내는 대표적인 (사역) 기능동사로 causer와 provoquer, entraîner, créer 등을 들 수 있다.

그 사건은 사회 전반에 걸친 변혁을 야기했다.

Cet accident a (causé / entraîné) un grand changement dans tous les domaines sociaux.

약의 남용은 바이러스의 내성을 초래할 수 있다.

L'absorption abusive d'un médicament peut (causer / entraîner) une résistance du virus.

핵에서 벗어나는 것은 경제적 붐을 야기할 것이다.

Sortir du nucléaire va (causer / entraîner) un boom économique.

그런데 결과가 '피해, 손해, 충격, 위기' 등과 같은 부정적인 것일 때는 '초래하다, 야기하다' 외에 '입히다, 끼치다, 주다' 등도 사용된다. 그리고 변화의 대상이 주어자리에 놓일 때는 '입다, 보다, 받다' 등이 쓰인다. 이때 이들 기능동사에 대응되는 프랑스어 동사는 subir이다.

폭풍이 포도밭에 큰 피해를 <u>입혔습니다</u>.

La tempête <u>a provoqué</u> de grands dégâts dans les vignobles.

폭풍으로 인해 포도밭이 큰 피해를 <u>입었습니다</u>.
Les vignobles <u>ont subi</u> de grands dégâts à cause de la tempête.

이런 표현의 쌍들을 살펴보자.

피해를 주다 (provoquer / faire / infliger) un dommage à *qqn*
피해를 입다 (subir / recevoir) un dommage de *qqn*

손해를 주다[끼치다] (provoquer / infliger) une perte
손해를 입다[보다] (subir / essuyer) une perte
그는 게임에서 큰 손해를 입었다.
Il a subi de grosses pertes au jeu.

나는 그 거래에서 상당한 손해를 입었다.
J'ai essuyé une perte considérable à cette transaction.

사소한 부주의가 큰 재난을 불러올 수 있다.
Une petite inattention peut entraîner une grande catastrophe.

충격[쇼크]을 주다 (provoquer / occasionner / donner) un choc à *qqn*
충격[쇼크]을 입다[받다] (subir / recevoir) un choc de *qqn*
그것은 나한테 충격을 주었다.
Cela m'a (provoqué / donné) un choc.

그는 그 소식을 듣고 충격을 받았다.
Il a (subi / reçu) un choc à l'écoute de cette nouvelle.

그것은 그에게 정신적 충격을 주었다.
Cela lui a (provoqué / donné) un choc psychologique.

트라우마를 주다 (provoquer / causer) un traumatisme
트라우마를 받다 subir un traumatisme
그 사고는 아내에게 심한 트라우마를 주었다.
Cet accident (a provoqué / a causé) un grave traumatisme à ma femme.

그 사고로 아내가 심한 트라우마를 받았다.
Ma femme a subi un grave traumatisme à cause de cet accident.

쇼크로 인해 뇌의 충격이 왔습니다.
Le choc a provoqué un traumatisme cranien.

마비를 초래하다 provoquer une paralysie (=paralyser)
마비가 (초래)되다 subir une paralysie
파업이 교통을 마비시켰습니다.
La grève a provoqué la paralysie de la circulation.

파업으로 교통이 마비되었습니다.
La circulation a subi une paralysie totale à cause de la grève.

위기를 초래하다 (provoquer / causer) une crise
위기를 겪다 subir une crise
정부의 잘못된 운영이 국가에 심각한 경제 위기를 (초래했다/야기했다).
La mauvaise gestion du gouvernement a (provoqué/causé) une grave crise économique dans le pays.

정부의 잘못된 운영으로 인해 프랑스는 심각한 경제 위기를 겪고 있다.
La France subit une grave crise économique du fait de la mauvaise gestion du gouvernement.

균열을 초래하다 (provoquer/causer) (une cassure / une fissure)
균열이 (초래)되다 subir une cassure
이번 사건은 프랑스와 영국의 동맹관계에 균열을 초래했다.
Cet événement a provoqué une (cassure / fissure) dans l'alliance entre la France et l'Angleterre.

이번 사건으로 우리의 우정에 금이 갔다. → 이번 사건이 우리의 우정에 균열을 초래했다.
Cette affaire a provoqué une cassure dans notre amitié.

와해를 초래하다 (provoquer/causer) une débâcle
와해를 당하다 subir une débâcle

붕괴를 초래하다 (provoquer/causer) un effondrement
붕괴가 (초래)되다 subir un effondrement
원화의 하락이 한국 경제의 와해를 초래할지 모른다.
La chute du Won pourrait provoquer l'effondrement de l'économie coréenne.

도산을 초래하다 (provoquer/causer) une faillite
도산이 (초래)되다 subir une faillite
이번 사건이 그 기업의 도산을 야기했다.
Cet événement a provoqué la faillite de cet entreprise.

인상을 초래하다 (provoquer/causer) une hausse
인상이 (초래)되다 subir une hausse
경제 위기로 물가 인상이 야기됐습니다.
La crise économique a provoqué une hausse des prix.

이 유형에 속하는 명사들은 '...로 (인해), ... 때문에'를 뜻하는 전형적인 표현으로 du fait de를 쓴다. 물론 à cause de를 써도 된다.

정부의 근시안적인 정책으로 (인해) 우리나라는 심각한 경제 위기를 겪고 있다.
Mon pays subit une grave crise économique (du fait de / à cause de) la politique à court terme du gouvernement.

폭풍으로 (인해) 포도밭이 큰 피해를 입었습니다.
Les vignobles ont subi de grands dégâts (du fait de/à cause de) la tempête.

▶ 자초하다, 사다 → encourir, s'attirer, provoquer

우리말에 '스스로 초래하다'라는 표현이 있다. 즉 벌이나 비난을 본인이 원인이되어 초래한다는 뜻이다. 이런 의미의 한자어 단어가 있는데 이것이 '자초하다'이다. 예컨대 (벌을) '자초하다'라고 표현한다. 이와 비슷한 뜻의 또 다른 동사가 있는데 그것은 '사다'이다. 나쁜 결과인데도 본인이 '산다'(구매하다)는 역설적인 표현인데, (비난을) '사다'와 같이 쓰인다. 이들은 프랑스어로 어떻게 표현할 수 있을까?
대개의 경우에는 encourir, s'attirer로 표현된다.

불행을[화를] 자초하다 (s'attirer / encourir) un malheur,
손실을 자초하다 (s'attirer / encourir) sa propre perte
위험을 자초하다 s'attirer un danger

이 정책이 자초한 위험들 des risques encourus par cette politique

벌금을 자초하다 encourir une amende
원성을 사다[자초하다] encourir les plaintes de *qqn*
비난을 사다[자초하다] encourir [s'attirer] le blâme [la réprobation] de *qqn*, s'attirer [essuyer] des reproches [critiques].
그는 무거운 형벌을 자초했다.
Il a encouru une lourde peine.

반발을 사다 s'attirer [encourir, soulever] de vives protestations
불신을 사다 s'attirer [encourir] la défiance [méfiance] de *qqn*
빈축을 사다 s'attirer le mépris de *qqn*

특히 감정 명사가 뒤에 오는 경우 '사다'가 많이 쓰인다.

미움을 사다 s'attirer le ressentiment [la haine] ((de *qqn*)), mettre *qqn* en colère
원한을 사다 s'attirer la haine de *qqn*
그래도 친구의 원한을 살 필요는 없지.
Tu n'as pas besoin de t'attirer la haine de ton ami quand même.

감정을 사다 s'attirer le ressentiment [la haine] ((de *qqn*)), mettre *qqn* en colère
반감을 사다 s'attirer l'hostilité [la répulsion, l'antipathie] de *qqn*
그는 많은 학생들의 반감을 사고 있다.
Il s'attire le ressentiment d'un bon nombre d'étudiants.

역정을 사다 s'attirer la colère de *qqn*; mettre *qqn* en colère

어쩌다가 아버지의 역정을 샀니?

Qu'est-ce que tu as fait pour mettre ton père dans une telle colère ?

앙심을 사다 s'attirer la haine [l'inimitié] (de *qqn*); encourir la haine [l'inimitié] (de *qqn*).

그녀는 이웃들에게 앙심을 샀다.

Elle s'est attirée la haine de ses voisins.

19 소리

▶ 사람[동물]의 소리
　☞ 내다, 치다, 지르다 → émettre, pousser

주어가 사람인 경우, 즉 사람이 내는 소리인 경우, 우리말은 소리의 종류에 따라 기능동사가 다르다. 예컨대 '비명'이나 '고함' 같은 큰 소리는 '지르다'나 '치다'이고, '한숨'은 '(내)쉬다', '갈채'면 '보내다'가 된다. 반면, 프랑스어는 주어가 사람이고 목적어가 소리이면 규칙적으로 pousser나 émettre를 쓴다. 어떤 종류의 소리이건 상관이 없다.
우선 다음에 몇 가지 대표적인 예를 제시한다. 편의상 émettre는 생략했다. 괄호 안은 같은 뜻을 나타내는 단일동사이다.

　혀 차는 소리를 내다 pousser des claquements de langue
　신음 소리를 내다(=끙끙거리다) pousser (un /des) gémissement(s) (=gémir)
　칭얼거리다/징징거리다 pousser un couinement (=couiner)

다음은 자기가 기분이 나쁘다는 것을 표현할 때 쓴다.

　소리를 지르다 pousser un coup de gueule

몇 가지 구체적인 표현을 살펴보자.

　비명을 지르다 pousser des cris (=crier)
　부상자가 비명을 지른다.
　Le blessé émet des cris.

아내가 기뻐서 소리를 쳤지.

Ma femme a poussé un cri de joie.

고함을 치다 pousser un hurlement (=hurler)

아이가 시끄럽게 소리를 쳤어요.

L'enfant a poussé de terribles hurlements.

코를 골다 pousser des ronflements (=ronfler)

한숨을 내쉬다 pousser un soupir (=soupirer)

할머니가 한숨을 내쉬신다.

Ma grand-mère émet un soupir.

왜 그렇게 깊은 한숨을 내쉬는 거야?

Pourquoi tu pousses (de profonds soupirs / un grand soupir) ?

환호성을 지르다 (pousser/crier) des bravos

동물의 소리도 마찬가지다. 몇 가지 예만 들어보자.

(개가) 멍멍 짖다 pousser un aboiement (=aboyer)

개가 멍멍 소리를 내며 짖는다.

Le chien émet un aboiement.

(닭이) 꼬끼오하다 pousser un cocorico
(양·염소가) 음메하다 pousser un bêlement (=bêler)
(고양이가) 야옹하다 pousser un (miaulement / ronronnement) (=miauler, ronronner)
(토끼·쥐가) 찍찍 대다 pousser un couinement (=couiner)

▶ 소음, 소란, 난리을 일으키다[피우다, 떨다]
  → faire du + 소란[난리]

프랑스어에서 사물의 소음과 사람의 시끄러운 소리를 아울러 표현하는 명사가 bruit이다. 그래서 '시끄럽게 떠들다'라고 할 때 기능동사 faire를 써서 'faire du bruit'라고 한다. 또한 여러 사람이 웅성거리는 소리 또는 왁자지껄 하는 소리는 brouhaha라고 한다. 역시 기능동사는 faire를 써서 다음과 같이 표현한다.

  시끄럽게 떠들다 faire du bruit; faire du tapage (nocturne)
  이웃사람들이 야간에 시끄럽게 한다.
  Les voisins font du bruit le soir
  Les voisins font du tapage nocturne.

  웅성거리다, 왁자지껄 하다 faire du brouhaha

여기에서 더 나아가 불만이 있어서 목소리 높여 항의를 하거나 분위기를 무질서하게 만드는 행위를 우리말에서는 '소란', '소동', '북새', '난리', '법석' 등과 같은 다양한 표현을 쓴다. 이들 각 명사에 결합되는 기능동사도 매우 다양하여 (소란을) '피우다', (소동을) '벌이다', (북새를) '떨다', (난리를) '치다' 등을 쓴다.
프랑스어에도 이러한 행위를 뜻하는 명사가 다양하다. 우선 '소음, 시끄러운 말소리'를 뜻하는 bruit가 이런 뜻으로 확장되어서 쓰인다. 또한 vacarme, foin, remue-ménage, tapage, chahut 등도 이 같은 뜻을 나타낸다. 이외에도 구어와 속어적 표현들이 더 있다.

  시끄럽게 하다; 소란을 피우다, 소동을 벌이다, 북새를 떨다, 난리를 치다, 법석을 떨다
  faire du bruit

faire du vacarme

faire du (chahut / foin / remue-ménage / tapage)

faire du raffut (구어)

faire du boucan (구어)

국회의원들이 오늘 오후 한 바탕 난리를 쳤대.

Les députés ont fait du vacarme cet après-midi.

'소동'을 넘어 '난동'이나 '개판'을 나타내는 표현들도 알아두자.

난동을 부리다 faire du désordre

개판을 치다 faire du bordel (속어)

- 비어이므로 가급적 쓰지는 않도록 하되, 프랑스인들이 자주 쓰는 표현이므로 알아만 두자.

▶ 자연의 소리

☞ 내다, 나다 → produire

바람소리나 물소리 나뭇잎 소리 같은 자연의 소리에도 produire를 쓴다.

(바람이) 씽씽 소리를 내며 불다 produit des sifflements

- sifflement은 본래 휘파람 소리, 호각 소리를 뜻하는데, 비유적으로 바람이 씽씽 부는 소리를 의미함.

바람이 '씽씽'하고 부네.

Le vent produit des sifflements.

보통 '바람이 분다'라고 하면 다음과 같이 한다.

Il y a du vent.

Il fait du vent.

Il vente.
Le vent souffle.

씽씽 소리를 내며 강하게 바람이 부는 것을 표현하는 말은 'Le vent siffle.'이다.

(물이) 졸졸 흐르다 produire des murmures
- murmure는 '중얼거리다'라는 뜻을 가진 murmurer의 명사형으로, 바람이 살랑거리거나 물이 졸졸 흐르는 것을 뜻함.

시냇물이 졸졸 소리내며 흐른다.
Le ruisseau produit des murmures.

(식물들이) 바삭거리다, 우수수하다 produire des craquements
나뭇잎들이 바삭거리는 소리를 낸다.
Les feuilles des arbres produisent des craquements.

▶ 기계[기구]의 소리
☞ 내다, 나다 → produire, émettre

주어에 '기계, 기구, 엔진, 모터, 자동차' 따위가 올 경우에도 역시 기능동사로 produire나 émettre가 사용된다.

덜컹거리는 소리를 내다 (produire/émettre) un cliquetis
엔진에서 덜컹거리는 소리가 나.
Le moteur (produit/fait) un cliquetis.
- 엔진은 engin이 아니라 moteur(모터)라고 하는 데에 주의할 것. engin은 좀 크고 복잡한 기계류를 일컫는 말이다.

헐떡대는 소리를 내다 (produire/émettre) un halètement

차에서 헐떡대는 소리가 나네.
La voiture produit un halètement.

삐걱대는 소리를 내다 (produire/émettre) un grincement
기계에서 삐걱대는 소리가 나는데요.
La machine produit un grincement.

충격음을 내다 (produire/émettre) un choc
뚝뚝 하는 소리를 내다 (produire/émettre) un claquement
딱딱 하는 소리를 내다 (produire/émettre) un crépitement
라디오에서 딱딱 하는 잡음이 나요.
La radio produit un crépitement. (=La radio crépite.)

장작이 딱딱하는 소리를 낸다.
Les bûches émettent un crépitement.(=Les bûches crépitent.)

차임 소리를 내다 (produire/émettre) une sonnerie
종소리를 내다 (produire/émettre) un son de cloche
저 종에서 나는 종소리가 난 좋아.
J'aime le son que cette cloche émet.

클랙손 소리를 내다 (produire / émettre) un klaxon (=donner un coup de klaxon)

사이렌 소리를 내다 émettre une sirène
경찰차가 사이렌 소리를 낸다.
La voiture de police émet une sirène.

기적소리를 내다 (produire / émettre) un sifflement

기차가 기적 소리를 냈습니다.

Le train a (produit / émis) un sifflement.

(화학물질이) 폭발음을 내다 produire une explosion

화학물질이 커다란 폭발음을 내었습니다.

Les produits chimiques ont produit une grande explosion.

▶ 물체의 소리

☞ 내다, 나다 → rendre, donner

하나의 물체나 물질로서 어떠어떠한 소리가 난다는 뜻일 때는 rendre 나 donner를 쓴다. 우리말은 이럴 경우, 소리를 내는 물체가 주어가 되는 다음의 a)문형이나, 장소 보어가 되는 b) 문형, 그리고 2중주어문인 c)문형이 모두 쓰인다.

a) 이 기타가 맑은 소리를 내는군요.
b) 이 기타에서 맑은 소리가 나는군요.
c) 이 기타가 맑은 소리가 나는군요.
Cette guitare rend un son clair.

이 바이올린은 아주 아름다운 소리를 내는군요.
Ce violon rend de très beaux sons.

수정은 맑은 소리를 내죠.
Le cristal rend un son clair.

이 현에서는 풍성한 소리가 납니다.
Cette corde donne un son ample.

이 벽은 속이 텅 빈 소리가 나요.

Ce mur (rend / a) un son creux. / Ce mur sonne creux.
- 둘째 문장이 더 많이 쓰인다.

▶ 소리가 '들린다'

소리가 '들린다'고 할 때는 se faire entendre를 쓰면 된다.

덜컹거리는 소리가 들리는데요.
Un cliquetis se fait entendre.

소리가 '울린다'고 할 때는 résonner를 쓴다.

이 종은 소리가 약하게 울리는데요.
Cette cloche résonne faiblement.

이 홀은 너무 울려서 방음장치를 해야겠어.
Cette salle résonne trop, il faut la faire insonoriser.

20. 다양한 술어명사들

이 절에서는 지금까지 살펴본 것들과 다른 소수 유형의 술어명사들을 알아보자.

▶ **관심, 노력, 주의, 신경 등은 porter로**

'관심'을 뜻하는 intérêt, '노력'을 뜻하는 effort, '신경', '주의' 등을 뜻하는 attention은 기본적으로 porter와 어울리되 faire도 자주 쓰인다. soin과 garde는 prendre와 어울린다.

> 관심을 기울이다 porter de l'intérêt à *qqch*
> 노력을 기울이다 porter ses efforts à *qqch*
> 신경을 쓰다, 주의를 기울이다, 조심을 하다
>   faire [porter, prêter] attention à *qqch/qqn*
>   porter son attention sur *qqch/qqn*
>   = prendre soin de Vinf [*que* 접속법],
>   = prendre garde à Vinf [de ne pas Vinf]

그는 자기 사업에 많은 신경을 쓰고 있다.
Il porte beaucoup d'attention à ses affaires.

그들은 이 극비 서류들의 보안에 신경을 쓰고 있다.
Ils portent une grande attention à ces documents confidentiels.

이 점에 특히 유의해 주세요.
Faites surtout attention à ce point !

내가 하는 말에 주의를 기울여라.
Fais bien attention à ce que je vais dire.

그래도 전염병에 주의해야죠.
Il faut quand même faire attention à l'épidémie.

우리는 이제 나이가 들었으니 건강에 주의해야 한다.
Nous devons prendre soin de notre santé, parce que nous ne sommes plus jeunes.

무엇보다 다른 사람에게 피해를 주지 않도록 주의해야 한다.
Il faut prendre soin de ne pas causer des dommages aux autres entre autres.

지금부터 일어나는 모든 상황에 주의를 해야 한다.
Il faut prêter attention à tout ce qui se passe dès maintenant.

그녀는 이런 일에는 관심도 없다.
Elle ne prête aucune attention à ce genre de choses.

그 아이는 선생님 말씀에 주의를 기울이지 않고 듣는다.
Cet enfant écoute ses professeurs sans prêter attention.

▶ 작전[기술]을
　☞ 쓰다 → pratiquer

'전략(stratégie)', '전술, 작전(tactique)', '기술(art, technique)', '방법(manière)' 따위의 명사들은, 우리말의 경우 '쓰다' 동사를 사용하는데, 프랑스어에서는 주로 pratiquer(실천하다, 실행하다)를 쓴다.

전략을 쓰다 pratiquer une stratégie

행동을 할 때는 항상 효율적인 전략을 써야 합니다.

Il faut pratiquer une stratégie efficace dans nos actions.

전술[작전]을 쓰다 pratiquer une tactique

좀 더 효과적인 작전을 써야겠는데.

Il faudrait pratiquer une tactique un peu plus efficace.

기술[테크닉]을 쓰다 pratiquer une technique

그런 낡은 기술을 쓰면 안 통해.

Pratiquer une telle vieille technique ne marche plus.

방법을 쓰다 utiliser (une méthode / un moyen)

그래서 새로운 방법을 썼지.

Alors, j'ai utilisé une nouvelle méthode.

▶ **부탁을
(청)하다 - 들어주다** demander - rendre

부탁(service)의 경우, 하는 것은 demander, 들어주는 것은 rendre를 쓴다.

부탁을 하다[드리다] demander un service à *qqn*
부탁을 들어주다 rendre un service à *qqn*

부탁 좀 들어 주시겠어요?

Voulez[Pouvez]-vous me rendre un service ?

부탁 하나 하고 싶은데요.

Je voudrais vous demander un service.

부탁이 하나 있는데.

J'ai un service à te demander.

자주 쓰이는 다음과 같은 표현들도 알아두면 좋겠다.

다이어트를 하다 faire un régime

다이어트를 하시면 이 약 복용하시는 걸 중단하세요.

Si vous faites un régime, arrêtez de prendre ce médicament.

잠을 자다 faire un somme

피곤해서 잠 좀 자야겠어.

Je suis fatiguée, je dois faire un somme.

꿈을 꾸다 faire un rêve

좋은 꿈 꿔 !

Fais de beaux rêves !

- '잘 자 !'라는 뜻의 'Bonne nuit !' 대신에 할 수 있는 말.

악몽을 꾸다 faire un cauchemar

광고를 (하다/내다) mettre une annonce, faire de la publicité

신문에 광고를 좀 내야겠어.

Je vais mettre des annonces dans les journaux.

부정직한 광고를 내면 안 됩니다.

Il ne faut pas faire de la publicité mensongère.

기증을 하다 faire (le) don de *qqch* à *qqn*

그 사람이 지역사회에 그 수집품들을 기증했어요.

Il a fait (le) don de cette collection à la communauté.

사육을 하다 faire l'élevage d'animaux = élever des animaux

5년 전부터 사육을 하고 있습니다. 특히 토끼를 키우고 있습니다.

Depuis 5 ans, je fais l'élevage d'animaux. J'élève surtout des lapins.

2장 공통 문법

1. 관사의 사용

기능동사 구문에서 어떤 관사를 써야 하는가 하는 문제는 매우 어려운 문제이고, 우리나라 사람들에게는 특히 그러하다.
술어명사가 취하는 관사의 양상은 상당히 복잡하다.

우선 크게는 일반명사가 취하는 관사의 양상과 비슷하다고 볼 수 있다. 일반명사의 경우, 정해신 대상을 가리킬 때는 정관사를 취하고, 정해지지 않은 대상을 가리킬 때는 부정관사(셀 수 있는 대상의 경우) 혹은 부분관사(셀 수 없는 대상의 경우)를 취하듯이, 술어명사도 이와 마찬가지이다.

즉, 정해진 행위를 가리킬 때는 정관사를 취하고, 정해지지 않은 행위를 가리킬 때는 부정관사(셀 수 있는 행위의 경우) 혹은 부분관사(셀 수 없는 행위의 경우)를 취하는 것이다. 여기서 문제는 행위를 어떻게 셀 수 있는 것과 셀 수 없는 것으로 구분하는가 하는 것이다. 왜냐하면 우리는 일반적으로 행위는 모두 셀 수 없는 것이라고 생각는 경향이 있기 때문이다.

그러나 잘 생각해 보면 행위도 셀 수 있다. 예컨대 실수도 한 번 할 수도 있고 여러 번 할 수 있고, 연락도 한 번 할 수도 있고 여러 번 할 수도 있다. 그렇다면 셀 수 없는 행위란 무엇일까? 그것은 행위 자체가 운동이나 연주 같이 지속적인 활동으로 이루어진 경우에 그러하다. 이들은 단번에 이루어지는 것이 아니라 어느 정도의 시간 동안 일련의 행위가 연속해서 이루어지는 활동들이다. 그래서 이런 활동들은 시작과 끝이 분명하게 구분되지 않으니 셀 수 없다고 보는 것이다. 셀 수 없는 행위이니 부분관사를 쓰게 된다. '운동을 하다'(faire du sport)나 '피아노를 연주하다'(faire du piano)에서 이러한 부분관사의 쓰임을 볼 수 있다.

반면에 '실수'나 '연락' 등의 행위들은 단번에 일어나는 하나의 행위이며 시작과 끝이 비교적 분명히 구분된다. 따라서 프랑스인들은 이를 셀 수 있다고 본다. '실수를 하다'(faire une erreur)나 '연락을 하다'(donner une communication)에서와 같이 부정관사를 쓴다. 물론 이런 행위들은 여러 번 할 수 있으며 이때는 '실수를 여러 번 하다'(faire des erreurs), '연락을 여러 번 하다'(donner des communications)와 같이 부정관사 복수를 쓸 수 있다.

그러나 이 같은, 셀 수 있는 행위와 셀 수 없는 행위 사이의 구분이 항상 분명한 것은 아니다. 예컨대 '도움'은 셀 수 있는 행위일까 아닐까? '도움'은 일련의 행위들로 구성된 활동이라고 볼 수도 있지만 (비록 시작과 끝이 분명히 구분되지는 않다 하더라도) 일회적인 활동이라고 볼 수도 있을 것이다. 그래서 도움을 한 번 줄 수도, 여러 번 줄 수도 있다고 생각할 수 있다. 그러나 프랑스어에서 aide는 셀 수 없는 명사로 취급되고 있다. 그래서 다음에서 보듯이 부분관사를 취한다.

    선생님이 나한테 도움을 주셨어.
    Le professeur m'a (donné / apporté) <u>de l'aide</u>.

또 '충고'를 뜻하는 conseil는 어떤가? 충고는 매우 추상적인 행위라고 생각해서 셀 수 없다고 볼 수도 있다. 그러나 충고를 한 번 해 줄 수도 있고 여러 번 해 줄 수도 있다고 생각하면 셀 수 있는 명사가 될 것이다. 실제로 프랑스어에서는 셀 수 있는 명사로 취급된다. 그래서 부정관사를 취한다. 한 번 하면 단수로, 여러 번 하면 복수로.

    선생님이 나한테 충고를 해 주셨어.
    Le professeur m'a donné (<u>un</u> / <u>des</u>) conseil(s).

'정보'를 나타내는 information도 마찬가지이다. 추상적인 대상이기 때문에 셀 수 없다고 생각하기 쉽지만 이것도 프랑스어에서는 셀 수 있는 명사로 간주한다.

> 그는 내게 내년도 예산에 관한 정보를 주었다.
> Il m'a donné une information au sujet du budget pour l'année prochaine.

참고로 영어에서는 충고를 뜻하는 advice와 정보를 뜻하는 information이 셀 수 없는 명사로 취급된다.

* He gave me an advice.
  He gave me a piece of advice.
* He gave me an information about the next year's budget.
  He gave me information about the next year's budget.

이런 점을 고려해 보면, 셀 수 있고 없음의 개념이 의외로 매우 자의적이라는 것을 알 수 있다. 따라서 현재 가지고 있는 자신의 생각에 따라 셀 수 있고 없음을 판단할 것이 아니라 반대로 프랑스어에 반영된 셀 수 있고 없음의 개념을 받아들여야 할 것이다. 물론 그렇다고 해서 판단에 대한 아무런 근거가 없다고 생각할 것은 아니다. 앞서 말한 기준을 유지하되 예외적인 것들을 신경써서 살펴보는 태도가 필요하다.

이 같은 점들을 염두에 두고 이제 관사의 용법을 살펴보자.

1.1. 셀 수 있는 행위 명사

셀 수 있는 행위를 나타낼 때는 부정관사를 쓴다. 1회적인 행위일 경우에는 단수형 un, une를, 여러 번 한 행위일 경우에는 복수형 des를 쓴다.

A. 일회적인 행위인 경우에는 un(e)을 쓴다.

그 여자가 따귀를 <u>한 대</u> 때리더군.
Elle m'a donné <u>une</u> gifle.

내일 여러분에게 (구두/필기) 시험을 보게 할 것입니다.
Je vous donnerai un examen (oral / écrit) à passer demain.

올해 그녀는 단 한 번의 해외 여행을 했다.
Cette année, elle a fait un seul voyage à l'étranger.

선생님은 (내 미래/취업)에 관해 충고를 해주셨다.
Le professeur m'a donné un conseil (concernant mon avenir / pour trouver un emploi).

B. 다회적이거나 반복적인 행위인 경우에는 des를 쓴다.

그 여자가 따귀를 여러 대 때렸어.
Elle m'a donné des gifles.

여러분은 (격주로/이번 학기에는) (구두/필기) 시험들을 칠 것입니다.
Vous aurez des examens (oraux / écrits) (toutes les deux semaines / ce semestre).

그녀는 올해 수 차례 해외 여행을 했다.
Cette année, elle a fait des voyages à l'étranger.

이번 학기 동안 선생님은 취업에 관해 수차례 조언을 해주셨다.
Le professeur m'a donné des conseils pour trouver un emploi durant ce semestre.

1.2. 특정/비특정 행위에 따라

관사에 관한 일반적인 용법 중 또 다른 하나는, 정해진 대상은 정관사로, 정해지지 않은 대상은 부정관사로 지칭하는 것이다. 예컨대 "나 일 해야 돼."라고 할 때, 그 일은 정해지지 않은 일, 상대방이 모르는 일이다.

나 일 해야 해.
Je dois faire un (travail / boulot / job).

내일 너는 꽤 특별한 일을 해야 할 거야.
Demain, tu devras faire un travail assez particulier.

그런데 만일 상대방도 알고 있는, 특정한 일을 가리킨다면 정관사를 쓴다.

나 그 일 해야 해.
Je dois faire le (travail / boulot / job).

마찬가지로, 다음 문장에서 '조사'가 어떤 것인지 상대방이 알지 못하는, 혹은 화자도 아직 알지 못하는 불특정한 조사라면 부정관사를 쓴다.

정부에서 조사를 한대요.
Le gouvernement va faire un recensement.

그러므로 만일 상대방이 이 조사가 어떤 것인지 궁금하여 알고 싶다면 다음과 같이 되물을 수 있다.

무슨 조사요?

Lequel ?

그러나 만일 상대방이 그 조사가 어떤 조사인지를 이미 알고 있거나, 흔히 알고 있는 내용, 즉 통상적으로 하는 조사 내지 정기적인 조사라는 내용일 경우에는 정관사를 써야 한다.

정부에서 <u>그</u> 조사를 한대요.

Le gouvernement va faire <u>le</u> recensement.

마찬가지로 아래 예문들에서 '충고'와 '도움'이 상대가 이미 알고 있는 충고와 도움이라면 정관사를 써야 한다.

선생님이 나한테 <u>그런</u> 충고를 해 주셨어.

Le professeur m'a donné <u>le</u> conseil dont nous avons parlé hier.

선생님이 나한테 <u>그 같은</u> 필요한 도움을 주셨어.

Le professeur m'a donné <u>l'</u>aide nécessaire.

한편 술어명사 뒤에 de 보어가 뒤따를 때는 의미상 정해진 대상이 되므로 당연히 정관사를 써야 할 것이다.

정부에서 인구조사를 한대요.

Le gouvernement va faire <u>le</u> recensement de la population.

즉, 여기서 recensement은, i) 상대방도 이미 알고 있는 조사이거나, ii) 일반적으로 알려진 조사, 예컨대 늘 하는 조사, 정기적인 조사라는 뜻이 되는 것이다.

물론 이때라도 부정관사를 쓰는 것이 불가능한 것은 아니다. 다만 뜻이 달라지는 것이다. 만일 이때 부정관사를 쓰게 되면, 정기적이지 않은 어떤 조사, 예컨대 임시적인 조사라는 뜻이 된다.

정부에서 (무슨/임시적인) 인구조사를 한대요.
Le gouvernement va faire un recensement de la population.

따라서 이렇게 말하면 상대방이 다음과 같이 되묻게 될 수가 있다.

A : 무슨 조사말입니까?
Lequel ?
B : 저도 모르겠어요.
Je ne sais pas.

그러나, 앞서도 언급했지만, 술어명사가 형용사의 수식을 받으면 부정관사를 쓸 수 있다. 이때 부정관사는 '일종의'라는 뜻을 가진다.

정부에서 (특별/임시) 인구조사를 한대요.
Le gouvernement va faire un recensement (spécial / provisoire) de la population.

1.3. 습관적 행위

상대방이 모르는 대상이지만 화자에게는 습관적으로 취하는 대상이라 정해져 있는 경우가 있다. 이럴 때는 소유형용사 son을 쓴다.

매일 아침 출근할 때 기차를 타요.
Je prends mon train pour aller au travail tous les matins.

매일 아침 커피를 마셔요.

Je bois mon café chaque matin.

술어명사의 경우도 마찬가지이다. 앞서 든 예문을 다시 보자. 일시적으로 하는 어떤 일은 부정관사로 표현한다.

나 일 좀 봐야 해.

Je dois faire un travail.

그런데 만일 그것이 내가 매일 하는 일이라면 소유형용사를 쓴다.

나 볼 일 좀 봐야 해.

Je dois faire mon travail.

다음에서도 부정관사와 소유형용사의 의미차이를 잘 느낄 수 있다.

오늘 저녁에 할 일이 있어. [일시적 일]

J'ai un boulot à faire pour ce soir.

오늘 저녁까지 해야 할 일이 있어. [늘 하던 일]

J'ai mon boulot à faire jusqu'à ce soir.

다음 a.에서 의사는 매주 화요일에 하듯이 수술을 했지만 그 수술은 매번 다른 수술이라는 의미로 해석되지만, b.에서는 매번 같은 수술(예: 간암수술)로 해석된다.

오늘 그 의사는 매주 화요일처럼 수술을 했다.

a. Aujourd'hui, le chirurgien a pratiqué une intervention comme tous les mardis.

b. Aujourd'hui, le chirurgien a pratiqué son intervention comme tous les mardis.

다음에서도 마찬가지이다. a.에서는 화자가 보기에는 알 수 없는 어떤 일을 하고 있었다는 뜻인 반면에 b.에서는 그가 늘상 하던 일을 하고 있었다는 뜻을 담고 있다.

내가 들어갔을 때 그는 일을 하고 있었다.
a. Quand je suis entré, il faisait un travail.
b. Quand je suis entré, il faisait son travail.

1.4. 관사의 고정

관사가 고정되는 경우는 다시
- 그럴만한 이유가 있어서 고정되는 경우와
- 아무런 이유 없이 무조건 고정되어 있는 경우

로 나누어 볼 수 있다. 벌써 알아차렸겠지만, 첫 번째 경우는 원리를 알면 그만인 반면, 두 번째 경우는 불행히도 명사를 외울 때 함께 외우는 수밖에는 없다.
먼저, 명사가 가지는 자체적 의미 때문에 고정되는 경우가 있다.

A. 의미상 반복되는 행위는 복수로

예를 들어 박수갈채(applaudissements)는 한 번만 치는 것이 아니라 여러 번 치는 것이므로 항상 des가 될 것이다.

관객들이 배우들에게 박수갈채를 보내고 있습니다.
Le public donne (des / les) applaudissements aux acteurs.

여기에서 정관사 les를 쓰면 심사위원으로부터 응당 받아야 하는 박수갈채라는, 즉 조금 더 명예로운 박수갈채라는 뜻이 된다.

> 배우들은 관객들로부터 박수갈채를 받았다.
> Les acteurs ont reçu les applaudissements de la part du public.

코를 고는 것을 뜻하는 ronflement도 대개 복수형으로 쓴다. 코를 한 번만 골 수는 없지 않은가?

> 그 아이는 잘 때 코를 곤다.
> L'enfant pousse des ronflements quand il dort !

물수제비 뜨는 것도 마찬가지다. 물론 한 번이 불가능한 것은 아니지만 대개는 복수형으로 쓴다.

> 아이들이 물수제비를 뜨고 있었다.
> Les enfants faisaient des ricochet.

다음으로, 정관사, 소유형용사를 써야 하는 경우가 있다.

B. 계속되거나 끝나는 행위의 대상은 정관사/소유형용사로

음 문장들에서는 부정관사가 쓰였다. 정해지지 않은 순회 강연이거나 청자가 알지 못하는 순회 강연이기 때문이다.

> 김교수는 순회 강연을 한다.
> Le professeur Kim fait une tournée des conférences.

김교수는 순회 강연을 시작한다.

Le professeur Kim entame une tournée des conférences.

그러나, '계속'이나 '끝'을 나타내는 다음 문장들에서는 정관사나 소유형용사를 써야 한다.

김교수는 순회 강연을 계속한다.

Le professeur Kim poursuit (sa / la) tournée des conférences.

김교수는 순회 강연을 마친다.

Le professeur Kim termine (sa / la) tournée des conférences.

왜냐하면 어떤 행위를 계속하거나 마치려면 논리적으로 이미 그 행위가 존재해야 하기 때문이다. 이미 존재하는 것이므로 정해져 있는 행위이다. 따라서 순회강연 앞에는 부정관사가 올 수 없고 정관사나 소유형용사가 와야 하는 것이다.
물론 대화 상대방이 처음부터 순회 강연에 대해 이미 알고 있는 경우라면 '하다', '시작하다'와도 la나 sa가 쓰일 수 있다.

김교수는 순회 강연을 한다.

Le professeur Kim fait (la / sa) tournée des conférences.

김교수는 순회 강연을 시작한다.

Le professeur Kim entame (la / sa) tournée des conférences.

행위가 아니라 상태를 나타내는 술어명사의 경우에도 마찬가지이다. 예컨대 흥미가 있다고 하면 다음과 같이 부분관사로 표현한다.

나는 그 일에 흥미가 있어.

J'ai de l'intérêt pour ce travail.

그러나 흥미를 잃는다고 하면 정관사나 소유형용사를 써야 한다. 흥미를 잃으려면 먼저 흥미가 있어야 하기 때문이다.

나는 그 일에 흥미를 잃었어.

J'ai perdu (l'intérêt / mon intérêt) pour ce travail.

'완전히'를 뜻할 때는 tout를 쓸 수 있다.

이제 그 일에는 완전히 흥미를 잃었어.

J'ai perdu <u>tout</u> intérêt pour ce travail.

흥미로운 예를 하나 살펴보면서, 관사들 사이의 미세한 의미차이를 보자. '장을 보다'를 뜻하는 프랑스어 표현은 부정관사, 정관사, 소유형용사 사이에 약간의 의미차이를 보인다.

faire des courses : 작은 규모의 장보기 (한두 가지 물품의 구매)
faire les courses : 조금 많은 규모의 장보기 (여러 가지 물품의 구매)
faire ses courses : (자신의) 습관적인, 일상적인 장보기

C. 숙어적 고정

숙어란 구성 어휘들의 의미를 합한 의미를 갖지 않고 제 3의 의미를 가지는 복합표현을 말한다. 그러니까 '사과를 먹다'와 같은 일반 표현인 경우 '사과', '를', '먹다'의 의미를 모두 더하면 그 의미가 나오는 반면에, '비행기를 태우다'의 경우에는 '비행기', '를', '태우다'의 미를 모두 더해도 그것이 의미하는 바를 나타내지 않고 '지나치게 칭찬하다'라는 제 3의 의

미를 나타내는 것이다.

프랑스어에서도 'casser sa pipe'라고 하면 자신의 파이프를 깬다는 뜻이 아니라 죽는다는 제 3의 뜻을 나타내므로 숙어라고 할 수 있다. 일반적으로 이러한 숙어는 구성 어휘의 의미와 무관하므로 언어학 용어로 의미가 '불투명하다'고 말한다. 숙어는 이처럼 의미가 불투명한 특성 외에도 어휘가 고정되어 있다는 특성을 갖고 있다. 즉 위에서 pipe 대신 cigarette와 바꾸어 쓸 수 없고 sa도 une 또는 la로 교체할 수 없다.

그런데 때로는 의미가 비교적 투명한 숙어도 있다. donner le fouet가 그러하다. 회초리로 때린다는 뜻이므로 구성어휘들의 의미로 충분히 유추해 낼 수 있다. 물론 꼭 '회초리로 때리다'만을 의미한다기 보다 보다 넓게 '매질을 하다', '벌로 체벌을 가하다'와 같은 의미이기 때문에 완전히 투명한 표현이라고 볼 수는 없지만 말이다.

아직도 초등학생에게 매질을 하는가?
On donne encore le fouet aux écoliers ?

그러나 그렇다고 이를 숙어가 아니라고 할 수는 없다. 왜냐하면 구성어휘들이 고정되어 있기 때문이다. donner, fouet가 다른 단어로 교체될 수가 없고, 특히 관사가 le로 고정되어 있음을 볼 수가 있다.
또 다음에서 보듯이 부정관사로 고정되어 있는 경우도 있다.

faire une fin (안정된 직업을 갖다, 결혼을 하다),
faire un exemple (일벌백계를 하다),
faire un massacre (떼돈을 벌다),
faire un malheur (대성공을 거두다, 사고를 치다)
나 말리지 않으면 사고 칠 거야.
Retenez-moi ou je fais un malheur.

이처럼 관사는 숙어의 경우 특별한 이유없이 고정되어 있다.
술어명사의 경우에도 마찬가지로 특별한 이유없이 관사가 고정되어 있는 경우를 볼 수 있는데, 따라서 이는 설명을 찾을 수가 없는 것이니 불행히도 무조건적인 암기의 대상이 된다.
그러면 술어명사의 경우 숙어적으로 관사가 고정되어 있는 경우를 살펴보자.

(1) 소유형용사로 고정된 경우

한정사가 소유형용사로 고정된 경우가 종종 있다. 예를 들어 '동의를 하다'는 뜻의 donner son agrément이 그러하다.

> 우리는 이 계획에 동의를 했어.
> Nous avons donné <u>notre</u> agrément à ce projet.

그러나 이때 유의할 점은 앞에서 여러 차례 언급했듯이 수식어가 동반되면 부정관사가 쓰인다는 사실이다.

> 우리는 이 계획에 전적인 동의를 했어.
> Nous avons donné <u>un</u> agrément total à ce projet.

> 그는 이 계획에 조건부 동의를 했다.
> Il a donné un agrément sous condition à ce projet.

(2) 무관사로 고정된 경우

다음과 같은 경우에서는 아예 관사를 쓰지 않는다.
감정명사와 신체상태명사의 경우에는 이를 흔히 관찰할 수 있다.

겁이 나다 avoir peur

갈증이 나다, 목이 마르다 avoir soif

배가 고프다 avoir faim

덥다 avoir chaud

춥다 avoir froid

아프다 avoir mal

그러나 관사가 없이 쓰이는 경우라 하더라도 수식어가 붙으면 un, une 를 쓴다.

겁이 몹시 나다 avoir une peur bleue

배가 몹시 고프다 avoir une faim de loup

갈증이 가시지 않다 avoir une soif insatiable

2. 시작과 진행과 종료의 표현

일반동사 구문에서 부정법 동사를 쓸 경우에는 다음과 같다

> **시작하다** commencer à + 부정법
> **계속하다** continuer (à/de) + 부정법
> **마치다, 끝내다** finir de + 부정법

그런데 기능동사 구문에서 행위를 나타내는 술어 명사를 쓸 경우에는 다음과 같다

> **시작하다** (commencer/débuter/entamer) + 명사
> **계속하다** (continuer/poursuivre) + 명사
> **마치다, 끝내다, 마감하다** (finir/terminer) + 명사

김교수는 순회 강연을 한다.
Le professeur Kim fait une tournée des conférences.

김교수는 순회 강연을 시작한다.
Le professeur Kim (commence/débute) une tournée des conférences.

김교수는 순회 강연을 계속한다.
Le professeur Kim (continue/poursuit) (sa / la) tournée des conférences.

김교수는 순회 강연을 마친다.
Le professeur Kim (finit/termine) (sa / la) tournée des conférences.

'계속하다'와 '마치다'에서 관사가 sa가 된 것은 앞서 언급한 대로 '순회 강연'이 이미 존재하기 때문이다. 물론 대화 상대방이 순회 강연에 대해 이미 알고 있는 경우라면 '하다', '시작하다'와도 sa가 쓰일 수 있다.

조사[수사]를 개시하다
La police a (ouvert, lancé) son enquête sur cette affaire

조사[수사]를 계속하다
La police a poursuivi (son / l') enquête sur cette affaire

조사[수사]를 중단하다
La police a interrompu (son / l') enquête sur cette affaire

수사를 종결하다
La police a (conclu / fermé / terminé / fini / clos / clôturé) (son / l') enquête

2.1. 시작

☞ (행위를) 시작하다 → (commencer/entamer/débuter) + 행위

우리는 '거래를 트다'를 프랑스어로 표현해 보려 하면 갑자기 멍해진다. '트다'가 프랑스어로 무엇인지 모르기 때문이다. 그러나 '트다'는 '시작하다'의 뜻이므로 '거래를 시작하다'라고 생각하면 어렵지 않을 것이다.

거래를 트다[시작하다] entamer une relation commerciale
우리는 귀하와 거래를 트고 싶습니다.
Nous espérons entamer des relations commerciales avec vous.

이처럼 '시작하다'의 의미를 나타낼 때 프랑스어에서 자주 쓰는 기능동사는 commencer 외에도 entamer, débuter 등이 있다.

협상을 시작하다 entamer une négociation
내일 우리는 그 사람들과 협상을 시작합니다.
Demain nous allons <u>entamer</u> des négociations avec eux.

헬스를 시작하다 débuter la musculation
헬스[피트니스] 시작했다며?
Tu <u>as débuté</u> la musculation, non ?

단식 투쟁을 시작하다 commencer [entamer] une grève de la faim
그 노동자는 정부의 조치에 항의하려고 단식투쟁을 시작했다.
L'ouvrier a entamé une grève de la faim pour protester contre la mesure du gouvernement.

2.2. 계속 및 진행

☞ **(행위를) 계속하다 → (poursuivre / continuer) + 행위**

행위를 계속한다고 할 때는 poursuivre나 continuer를 사용한다.

공부를 계속하다 (poursuivre / continuer) ses études
그는 대학에서 공부를 계속하는 대신 일자리를 찾으려 한다.
Il veut trouver un travail au lieu de poursuivre ses études à l'université

일을 계속하다 (poursuivre / continuer) un travail

이 기구는 1960부터 시작한 일을 계속하고 있다.
Cette organisation poursuit le travail entrepris depuis 1960.

연구를 계속하다 poursuivre les recherches
연구를 지속하는 것은 흥미로울 것이다
Il serait intéressant de poursuivre les recherches.

☞ **...중이다 → être en + 행위명사**

우리는 '...중이다'라는 것을 프랑스어로 표현하려고 할 때, 거의 대부분 '...하고 있다' 내지 '...되고 있다'로 생각하여 동사를 이용하려드는 경향이 있다. 그러다 보니 해당 동사가 프랑스어로 무엇인지 생각해 내야 되고, 또 동사를 쓰다 보니 인칭이니 법이니 시제니 하는 동사활용이 끼어들게 되고, 그러다 보니 생각도 복잡해지고 표현도 복잡해지게 된다. 그래서 프랑스어가 어렵다고 느껴지게 되는 것이다.

예를 들어 보자. '내 차는 수리중이야.'를 프랑스어로 말한다고 하자. 우리는 대개 '내 차는 수리되고 있다.'라고 기본적인 구조를 잡는다. 그래서 '수리되다'는 수동태로 être réparé, '...하고 있는 중이다'는 『être en train de + 부정법』, 따라서 'Ma voiture est en train d'être réparée.'라는 복잡하고 이상한 문장이 탄생되는 것이다. 물론 아예 관점을 바꾸어서 'Ils sont en train de reparer ma voiture.'라고 하면 괜찮긴 하지만...

그러나 이같은 사고방식은 잘못된 것이다. 우리말 표현이 '명사 + 중이다' 인데, 왜 프랑스어도 '명사 + 전치사'의 구조를 생각하지 못하고 엉뚱하게 동사를 이용하려 드는 것일까? 프랑스어도 명사를 이용하여 간단히 표현이 되는데도 말이다. 이것은 기존의 프랑스어 학습서가 이런 표현을 학습하도록 제시하지 않았기 때문이다.

올바른 표현은 'Ma voiture est en réparation.'이다. 듣고 보면 '아하, 그거 !'하지만 콜럼버스 달걀이다. 왜 우리는 이 간단한 표현도 잘 못하는 것일까?

이제부터 『être en + 술어명사』의 표현을 활용해 보자.

본 상품은 시중에 판매 중입니다.
Cet article est en vente sur le marché.

Gross 교수님은 프랑스에 여행 중이세요.
Le professeur Gross est en voyage en France.

그 사람 휴가 중이야.
Il est en congé.

배터리 충전 중입니다.
La batterie est en charge.

그는 도주 중입니다.
Il est en cavale.

그 사람은 통화 중입니다.
Cette personne est en communication.

지금 학생들이 10분간 휴식 중이에요.
Maintenant, les élèves sont en pause pensant 10 minutes.

그 노선은 운영 중[영업 중]입니다.
La ligne est en service.

- '서비스 중지'는 hors de service
  '고장'은 en panne

학기 중이라 하숙집이 안 나요.

Il n'y a pas de pension de famille (disponible/vacante) parce qu'on est en cours de semestre.

그런데 이런 표현을 알면 하나의 보너스가 따라오는데, 그것은 'mettre ... en + 명사'라는 사역형이다. 즉 'A être en + 명사'가 가능한 경우에는 그 사역형으로 'mettre A en + 명사'가 원칙적으로 항상 가능하다는 점이다.

배터리 충전 중입니다.

La batterie est en charge.

→ 배터리를 충전시켜야 하겠군요.

Il faudrait mettre la batterie en charge.

이 문서는 인터넷에 올라있어요.

Ce document est en ligne sur Internet.

→ 어제 이 자료를 인터넷에 올렸어요.

J'ai mis ce document en ligne hier soir

그 손님은 대기 중이에요.

Ce client est en attente.

→ 나는 그 손님을 대기자로 올렸어요.

J'ai mis ce client en attente.

2.3. 종료과 중단

행위의 종결은 비교적 다양한 동사들이 쓰이는데 finir, terminer, arrêter, achever 등을 들 수 있다.

▶ 행위의 종료

☞ (행위를) 끝내다 → finir, terminer, arrêter, achever

나 일 끝냈어.

J'ai terminé mon (travail / boulot).

- boulot(일)는 travail의 구어형.

이 팀은 연구를 끝내고 기한 내에 요청한 보고서를 작성할 수 있을 거야.

Cette équipe pourra terminer la recherche et produire les rapports requis dans le délai prévu.

종결이 아니라 한던 일을 중단하는 경우는 어떻게 표현할까?

▶ 행위의 중단

☞ (행위를) 그만두다 → abandonner, laisser tomber

'중단하다', '그만두다'는 프랑스어로 abandonner나 laisser tomber로 옮기면 된다. abandonner는 표준 구어이고, laisser tomber는 속어다. laisser tomber는 '집어치우다', '때려치우다'를 옮길 때도 적합하다.

나 연구 그만뒀어.

J'ai abandonné les recherches.

나 농구 때려쳤어.

J'ai laissé tomber le basket-ball.

그만둬/집어치워.

Laisse tomber !

3. 문어체 기능동사

3.1. procéder à, effectuer

지금까지 배운 기능동사들은 구어체에 사용되는 것들이라 할 수 있다. 그러나 문어체에 해당하는 기능동사들이 있다. 우리말로 예를 들면 '하다'에 대신에 문어에서 사용되는 '시행하다'나 '실행하다' 같은 동사들이 이에 해당한다. 이럴 경우 프랑스어에서 쓰는 동사들이 effectuer나 procéder à, réaliser 등이다.
다음 문장에서 구어체인 faire와 문어체인 effectuer와 procéder à를 쓴 문장들의 쌍을 비교해 보라.

 경찰은 범인 검거를 했다.
 La police a fait une arrestation des coupables.

→ 경찰은 범인 검거를 단행했다.
 La police a (effectué / procédé à) une arrestation des coupables.

조사[수사]를 진행하다 (faire / effectuer) une enquête
기자가 이 사건에 대한 조사를 시행하고 있다.
Le journaliste (fait / effectue / procède à) une enquête sur cette affaire.

경찰은 주변 인물들을 중심으로 배후 조사를 진행한다.
La police (fait / effectue / procède à) une enquête centrée sur les gens du voisinage.

우리 팀은 각 지방 방언의 조사를 시행할 것이다.

Notre équipe va (faire / effectuer / procéder à) une enquête sur les dialectes de chaque région.

조사를 시행하다 (faire / effectuer) des investigations
연구를 수행하다 (faire / effectuer) des recherches
그들은 그 문제에 대한 심화된 연구를 시행할 예정이다.

Ils vont (faire / procéder à) une étude approfondie au sujet de cette question.

예약을 하다 (faire / effectuer) une réservation
우리는 파리행 열차 좌석의 예약을 했다.

Nous avons (fait / effectué) la réservation des places du train pour Paris.

작업을 시행하다 (faire / effectuer) un travail
그렇게 무계획적으로 작업을 시행하면 안 된다.

Il ne faut pas effectuer un travail sans plan.

작업을 시행해 주실 것을 요청합니다.

Je vous prie de bien vouloir effectuer ce travail.

맡은 일을 수행하다 (faire / effectuer) sa tâche
불평하지 않고 맡은 일을 수행하고 있습니다.

Il effectuer sa tâche sans se plaindre.

과제[숙제]를 하다 (faire / effectuer) ses devoirs
그 과제는 대충 해치웠다.

J'ai effectué ce travail [faire mes devoirs] sans soin.

2장 공통 문법 155

공사를 하다 (faire / effectuer) des travaux
그들은 부실하게 공사를 시행했다.
Ils ont effectué des travaux avec négligence.

절차를[수속을] 밟다 effectuer la procédure [les formalités]
빨리 절차를 밟으셔야 합니다.
Vous devrez vite effectuer la procédure.

우리는 공항에서 입국 수속을 밟았다.
Nous avons effectué les formalités d'entrée à l'aéroport.

번지점프를 하다 (faire / effectuer) un saut à l'élastique
서브를 넣다 (faire / effectuer) un service

국정감사를 실시하다 faire [réaliser, procéder à, exécuter, effectuer] une inspection parlementaire.
대업을 이루다 accomplir une grande œuvre; effectuer [réaliser] de remarquables [grands] travaux.

계산을 하다 (faire / effectuer) un calcul, faire un compte
이자는 3월 1일부터 계산을 한다.
On fait [effectue] un calcul des intérêts à partir du 1er mars.

측량을 시행하다 effectuer une mesure
연수를 받다 (faire / effectuer) un stage
방문을 하다 (faire / effectuer) une visite
나는 4월 3일 아비장을 방문을 했다.
J'ai fait [effectué] une visite à Abidjan le 3 avril.

문화 교류를 하다 (faire / procéder à) un échange culturel

검시를 하다 (faire / procéder à / pratiquer) une autopsie

시체를 검시를 하다 (faire / procéder à) l'autopsie d'un cadavre, faire l'examen d'un cadavre

간 이식을 시행하다 (faire / procéder à) une greffe du foie.

감정(鑑定)을 하다 (faire / procéder à) l'expertise de *qqc*h

그 보석은 감정을 시행해야 합니다.

Il faut faire l'expertise du bijou.

임명을 하다 procéder à la nomination

해임을 하다 procéder à la destitution

공습을 단행하다 (procéder à / effectuer) un bombardement [un raid] aérien [à une attaque aérienne]

적이 불시에 공습을 해 왔다.

L'ennemi a procédé à un bombardement aérien inopinément.

업무를 시행하다 procéder à une tâche

각 부서가 특별한 업무를 시행하고 있다.

Chaque service procède à une tâche spécifique.

선발을 하다 procéder à une sélection

공습을 감행하다 procéder à un bombardement aérien

적이 불시에 공습을 감행해 왔다.

L'ennemi a procédé à un bombardement aérien inopinément.

반대심문을 하다 procéder à un examen contradictoire

변호사가 반대 심문을 했다.

L'avocat a procédé à un examen contradictoire.

토론을 진행하다 procéder à une discussion
우리는 충분한 토론을 진행했다.
On a procédé à une ample discussion. / On a suffisamment discuté.

선거를 실시하다 procéder à [avoir, faire] une élection
공명 선거를 치르는 것이 중요하다.
Il est important de procéder à une élection impartiale.

투표를 실시하다 procéder à un vote
거수 표결에 붙입시다.
On va procéder au vote à main levée.

학제 개편을 시행하다 procéder à la réforme du système scolaire
개정을 시행하다 procéder à une réorganisation
교과 과정의 전면적인 개정을 시행해야 한다.
Il faut procéder à une réorganisation générale du programme de l'enseignement.

노면 보수를 시행하다 procéder à la réfection d'une route.
임상 실험을 시행하다 procéder à un essai clinique.
재고파악을 실시하다 procéder à l'inventaire du stock.
특별감사를 시행하다 procéder à une inspection exceptionnelle.
식을 거행하다 procéder à une cérémonie

3.2. donner의 문어체, accorder

한국어 '(원조를) 주다'의 경우 '(원조를) 제공하다', '(혜택을) 주다'의 경우 '(혜택을) 부여하다'와 같은 확장형이 존재하는데, 프랑스어의 경우 donner에 대해 문어체형으로 일반적으로 accorder와 offrir 등이 쓰인다.

권리를 부여하다 accorder [donner] le droit de Vinf à *qqn*
공민권을 부여하다 accorder ses droits civiques à *qqn*
자치권을 인정을 하다 accorder l'autonomie (à *qqn*).

우선권을 부여하다 accorder [donner] la priorité à *qqch*.

중요성을 부여하다 accorder de l'importance à *qqch*.

도움을 주다 donner une [de l'] aide, apporter son aide
- 속어로는 donner un coup de main à *qqn*.

원조를 주다[제공하다] donner [apporter, offrir] une assistance
원조를 하다, 지원을 하다 donner [accorder, prêter] *son* appui [aide] à *qqn*, apporter *son* aide [soutien] à *qqn*
우리는 조건 없이 그들에게 지원을 했다.
Nous leur avons accordé un soutien inconditionnel.

동의를 하다 donner [accorder] son consentement
용서를 하다 accorder [donner] le pardon à *qqn*;
허락을 하다 (donner / accorder / concéder) l'autorisation de Vinf
아버지가 외출해도 좋다는 허락을 하셨어.
Mon père m'a (donné/accordé/concédé) l'autorisation de sortir.

확장형이 더 자연스러운 경우도 꽤 있다.

혜택을 주다 (donner ⟨ accorder) un avantage à *qqn*
혜택을 주다 (donner ⟨ administrer) une faveur à *qqn*
  • donner une faveur는 반어적(ironique) 해석이 가능하다. 이를 피하려면 오직 긍정적 해석만을 가지는 문어체 administrer une faveur를 써야 한다.

특혜를 주다 (donner ⟨ accorder) (une faveur particulière / un privilège particulier) à *qqn*
소상인들에게 조세 경감 혜택을 주어야 합니다.
Il faut accorder des avantages fiscaux aux petits commerçants.

세례를 주다 donner [administrer, conférer] le baptême
유예[말미]를 주다 donner [accorder] un délai [un sursis]
정부는 농민들에게 재산세 납부를 3년간 유예를 해주었다.
Le gouvernement a accordé un délai de deux ans aux paysans pour payer leur impôt foncier.

채권자가 채무자에게 유예를 주기로 했다.
Le créancier a décidé d'accorder un délai au débiteur.

사면을 하다 accorder une amnistie [rémission] = amnistier
대통령은 그 양심수를 사면을 했다.
Le président a accordé une une amnistie au prisonnier d'opinion.

그 사람은 이번에 사면되었다.
Cette fois, on lui a accordé une rémission.

faire를 대신하는 문어체로 쓰이는 경우도 있다.

　　대출을 하다 faire [accorder] un prêt à *qqn*
　　은혜[호의]를 베풀다 faire [accorder] une faveur à *qqn*.
　　신뢰를 하다 faire [accorder] une confiance à *qqn/qqch*.

4. 확장형 기능동사

기능동사는 본래 술어명사에 덧붙여 쓰는 의미가 없는 단어라 할 수 있다. '여행을 하다'에서 '하다'가 무슨 뜻이 있겠는가? faire un voyage에서 faire가 무슨 의미가 있겠는가?

그러나 그 같은 기본형 기능동사에 비해 다소의 문체론적인 의미를 가지는 동사들도 있다. 이들은 기능동사의 (문체론적) 확장형이라고 하는데 한국어에서의 예를 몇 가지 들면 다음에서 밑줄친 동사들이 그것들이다.

비판을 (하다-**가하다**), 명령을 (내리다-**하달하다**),
생각을 (하다-**품다**), 공격을 (하다-**감행하다**)
실패로 **돌아가다**, 토의에 **들어가다**, 사랑에 **빠지다**

프랑스어의 경우에는 다음과 같은 것들을 예로 들 수 있다.

공격을 감행하다 risquer une attaque contre *qqn*
명령을 하달하다 transmettre (un ordre/des instructions) à *qqn*
계획을 품다 (entretenir/caresser) un projet
욕망을 품다 entretenir un désir
희망을 품다 caresser un espoir

이제 이러한 확장형 기능동사들 가운데 몇 가지 대표적인 유형들을 살펴보자.

4.1. 이루다, 실현하다, 성취하다 réaliser, accomplir

꿈이나 소원처럼 무언가 원하는 일을 성취하거나 실현하거나 이룬다고 할 때는 réaliser, accomplir를 쓴다.

꿈을 이루다 réaliser [accomplir] un rêve
소원을 성취하다[이루다] accomplir un vœu
큰 임무를 달성하다 accomplir une grande tâche
목적을 이루다 accomplir [réaliser, atteindre] *son* but
진보를 이루다 faire [réaliser] des progrès
큰일을 이루다 accomplir de grandes choses, réaliser de grands travaux
많은 업적을 이루다 accomplir [réaliser] de nombreuses tâches
경제 성장을 이루다 réaliser une croissance [un développement] économique

4.2 주도하다, 이끌다, 리드하다 mener, conduire

mene는 본래 '이끌다, 주도하다'의 뜻을 가지고 있다. 그래서 다음과 같이 이러한 뜻으로 쓰인다.

분위기를 이끌다[주도하다] mener l'ambiance
개혁을 이끌다[주도하다] mener de front la réforme

이러한 뜻으로부터 삶[생활]을 '이끌다, 영위하다'라는 기능동사 용법이 나왔다.

☞ (삶을) 이끌다[영위하다] → mener (une vie)

가난한 삶을 영위하다 mener une vie pauvre
게으른 삶을 살다 mener une vie paresseuse
정직한 삶[생]을 살다 mener une vie honnête
검소한 삶[생활]을 살다 mener une vie modeste [simple]
알뜰한 생활을 하다 mener son ménage d'une manière économe

고달픈 삶[생활]을 살다 mener une vie dure
진부한[단조로운] 삶[인생]을 살아가다 mener une existence banale [monotone]

☞ (싸움, 반란, 농성, 시합, 운동, 토론)을 벌이다 → mener (une lutte etc.)

mener가 가지고 있는 '이끌다, 주도하다'의 의미는 lutte(싸움), guerre(전쟁) 등에도 적용된다. 사실 '싸움'에도 주도권이 중요하기 때문이다. 한국어에서는 '싸움을 벌이다'처럼 '벌이다'를 주로 쓴다. 여기에 해당하는 프랑스어 기능동사가 mener라고 생각하면 된다.
'싸움, 전쟁, 전투' 이외에도 '농성, 시합, 토론' 등을 '벌인다'고 하는데, 이때 프랑스어로 mener를 쓴다고 기억하도록 하자. 이들도 직접적인 물리적 충돌은 아니라 하더라도 언어를 이용한 일종의 싸움으로 개념화된 것들이기 때문이다.

전쟁을 벌이다[하다] mener une guerre, faire la guerre
경찰은 마약과의 전쟁을 벌이고 있다.
La police mène une guerre acharnée contre la drogue.

전투를 벌이다[하다] mener un combat [une bataille]
우리는 어젯밤에 적과 치열한 전투를 벌였다.
Nous avons mené un combat acharné contre l'ennemi hier soir.

게릴라전을 벌이다[하다] mener une guérilla
열전을 벌이다 mener un combat acharné;
투쟁을 벌이다[하다] mener une lutte
그들은 극한 투쟁을 벌였다.
Ils ont mené cette lutte jusqu'au bout.

공격을 하다 mener une attaque, mener une offensive, lancer un assaut
우리는 모든 수준에서 정면 공격을 하기를 원했다.
Nous avons voulu mener une attaque de front [frontale] à tous les niveaux.

습격을 하다 mener une attaque surprise (contre l'ennemi)
반란을 일으키다 mener une insurrection
농성을 벌이다 mener [faire] une grève
그들은 현장을 차지하고 단식 농성을 벌였다.
Ils ont occupé les locaux et mené une grève de la faim.

운동[캠페인]을 벌이다[하다] mener [lancer] une campagne, faire campagne; mener une action
선거 운동을 벌이다[하다]
mener une campagne électorale

이 단체는 난민 돕기 캠페인을 벌이고 있다.
Ce groupe mène une campagne pour aider [pour soutenir] les sinistrés.

야당은 개헌반대 운동을 조직적으로 전개하고 있다.
L'opposition mène une action organisée contre la réforme de la Constitution.

토론을 벌이다 mener des débats (=débattre)

조사[수사]를 벌이다[하다] mener [conduire, faire] une enquête
경찰은 그 아동의 실종 사건에 대해 조사를 벌이고 있다.
La police mène une enquête sur l'affaire de la disparition de l'enfant.

연구를 하다 mener une recherche
이러한 측면을 연구하기 위해서는 심화연구를 해야 할 것이다.
Il faudra mener une recherche approfondie pour étudier ces aspects.

사업[프로젝트]을 벌이다 mener un projet
그들은 새로운 기술을 이용한 협력 사업을 벌이고 있어요.
Ils mènent un projet coopératif au moyen des nouvelles technologies.

나아가 일을 잘 처리한다는 뜻의 mener à bien도 알아두면 좋을 것이다.

잘하다, 잘 처리하다 mener à bien
그녀는 이번 일을 잘 처리할 능력이 있어.
Elle est capable de mener à bien cette affaire.

4.3. apporter 가져다주다, 가져오다, 주다

apporter는 기본적으로 '가져다준다'는 의미를 가지고 있기 때문에 '결과를 가져오다, 변화를 초래하다'라는 뜻으로 쓰이는데, 주로 '변화, 수정, 개혁, 원조, 공헌, 협력' 등의 술어명사와 결합하면서 긍정적 변화를 가져오는 의미로 쓰인다.

변화를 주다, 가져오다 apporter un changement [une modification]

그녀는 옷차림에 변화를 주기로 결심했다.

Elle a décidé d'apporter un changement à sa tenue.

수정을 하다 apporter des modifications à *qqch* (= modifier),
손질을 하다(=고치다) apporter des retouches
치료[조리]를 하다 apporter des soins

산후 몸조리가 중요하다.

Les soins à apporter suite à un accouchement sont très importants.

개혁을 하다 apporter des réformes à *qqch* (=réformer)
개량을 하다 apporter des perfectionnements (=réformer)
해결책을 가져오다[도출하다] apporter une solution

문제에 대한 해결책을 도출해야 한다.

Il faut apporter une solution au problème.

핵심은 이 문제에 합법적인 해결책을 도출하는 것이다.

L'essentiel, c'est d'apporter une solution légitime à ce problème.

감흥을 주다 apporter [donner] du plaisir

이 소설은 나에게 아무런 감흥도 주지 않는다.

Ce roman ne m'apporte aucun plaisir.

감동을 주다[가져오다] apporter de l'émoi
공헌을 하다 apporter sa contribution à *qqch*, (=contribuer à *qqch*)

그는 한국 경제 발전에 공헌을 했다.
Il a apporté sa contribution au développement économique de la Corée.

이 대학은 과학 발전에 기여했다.
Cette université a apporté sa contribution à la science.

번영을 가져오다 apporter la prospérité
도움을 주다 apporter son aide. apporter *son* appui à *qqn*
도움을 주신 데 대해 진심으로 감사드립니다.
Je vous remercie sincèrement de m'avoir apporté votre aide.

미력이나마 도움을 드리고자 합니다.
J'aimerais vous apporter mon aide aussi petite soit-elle.

우리 회사에 재정적 원조를 해 주실 것을 요청합니다.
Nous aimerions vous demander de nous apporter une aide financièr.

지원을 하다 apporter du soutien
지원, 찬조를 하다 apporter *son* patronage à *qqn/qqch*
협력을 하다 apporter *sa* collaboration à *qqch*
증원[보강]을 하다 apporter des renforts

4.4. 뽑다, 이끌어내다 tirer

'추첨을 하다'에서는 기본적으로 뽑는 동작을 행하기 때문에 '뽑다'를 뜻하는 tirer가 쓰인다.

추첨을 하다; 제비를 뽑다 tirer au sort
- '제비 뽑기에서 이기다'는 tirer le numéro gagnant, '제비 뽑기에서 지다'는 tirer le numéro perdant이라 한다.

이익을 낸다고 할 때도 역시 '뽑다'의 관념으로 인해 tirer를 쓴다.

이익을 내다[얻다, 뽑다] tirer [faire] profit [un bénéfice] de *qqch*, tirer avantage de *qqch*.
그 회사는 막대한 이익을 얻었다.
La société a tiré [fait] des profits importants.

교훈이나 결론을 이끌어낸다고 할 때도 역시 tirer를 쓴다.

교훈을 얻다[이끌어내다] tirer la leçon de *qqch*

결론을 (이)끌어내다 [맺다, 내리다] tirer une conclusion
다음과 같은 결론을 이끌어낼 수 있습니다.
On peut en tirer la conclusion suivante.

거기서 이끌어낼 수 있는 결론은 오직 하나입니다.
Il n'y a qu'une seule conclusion à en tirer.

그들은 성급한 결론을 끌어냈다.
Il ont tiré des conclusions hâtives.

1장의 『13. '칠', '-질', 타격』에서 '총을 쏘다'를 donner un coup de feu로 표현한다는 것을 보았다. 타격의 un coup de는 donner와 결합하기 때문이다. 그런데 tirer(당기다) 또한 사용될 수 있는데, 대포의 경우 당기는 것으로 격발을 시켰기 때문이다.

대포를 쏘다 tirer un coup de canon

총을 쏘다 tirer un coup de feu [fusil]

경관이 강도에게 총을 쏘았어요.

L'agent de police a tiré un coup de feu sur le cambrioleur.

나는 총을 쏘아야 했어요.

J'ai dû tirer un coup de fusil.

그는 총을 여러 발 쏘았다.

Il a tiré plusieurs coups de feu.

권총을 쏘다 tirer un coup de revolver [pistolet]

그는 자신의 입에 권총을 쏘았다.

Il s'est tiré un coup de revolver dans la bouche.

4.5. 기타 기능동사들

여기서는 폭넓게 쓰이지는 않지만 알아둘 필요가 있는 몇 가지 기능동사들을 살펴보자.

예컨대 '계약'(contrat)의 경우 한국어에서는 '맺다'를 쓰지만 프랑스어에서는 passer를 쓴다. 또한 협상을 지속하다가 마지막 단계에서 결론처럼 맺는 것이 계약이므로 conclure를 쓰기도 한다.

계약을 하다[맺다] passer [conclure] un contrat avec *qqn*

그 기업은 공급자와 계약을 맺었다.

L'entreprise a conclu un contrat avec un fournisseur.

모든 상인은 지불 거래를 위해 은행과 계약을 해야 한다.
Chaque commerçant doit passer un contrat avec une banque pour une opération de paiement.

'주문'의 경우 한국어에서는 '하다' 혹은 '내다', '넣다'를 쓰는데, 프랑스어에서는 passer를 쓴다.

주문을 하다[내다, 넣다] passer une commande
테이크아웃으로 주문을 하고 싶습니다.
J'aimerais passer une commande à emporter.

어떻게 온라인으로 주문을 넣나요?
Comment passer une commande en ligne?

또한 앞서 9.1.에서 보았듯이 '전화'를 나타내는 un coup de téléphone은 donner 또는 passer와 결합하지만, 구어에서 '전화'를 뜻하는 un appel은 passer나 faire와 결합한다.

전화를 하다 passer [faire] un appel
전화를 받다 recevoir un appel
전화를 하거나 메시지를 보낼 수 있습니다.
Vous pouvez faire un appel ou envoyer un message.

전화를 받자마자 만사를 제쳐두고 왔습니다.
Dès que j'ai reçu l'appel, je suis venu(e) (en) laissant tout de côté.

한편 영어의 영향으로 passer un examen을 '시험에 합격하다'로 잘못 알고 있는 경우가 많다. 여기서 passer는 '합격하다'가 아니라 단지 시험을 '친다'는 뜻이다.

> **(지원자가) 시험을 보다[치다]** passer un examen
> 우선 시험을 보셔야 합니다.
> D'abord vous devez passer un examen.
>
> 시험을 보는 느낌이네요.
> J'ai l'impression de passer un examen.
>
> 영어 시험 안 봐도 되면 좋겠는데.
> Si seulement nous n'avions pas à passer un examen en anglais.

'면접 (시험)'(entretien)도 마찬가지이다. 지원자가 면접을 보는 것은 passer를 쓴다.

> **(지원자가) 면접을 보다** passer un entretien [une entrevue]
> 나 내일 면접을 봐야 해.
> Il faut que je passe un entretien demain.

반면에 감독자가 면접을 보는 것은 단순히 '(면접이) 있다'는 뜻의 avoir를 쓰거나, '(면접 기회를) 부여한다'는 의미의 accorder를 쓴다.

> **(감독자가) 면접을 하다** avoir un entretien [une entrevue] avec *qqn*
> accorder un entretien [une entrevue] à *qqn*
> 나는 내일 지원자들을 면접해야 해.
> Demain, je dois avoir un entretien avec les candidats.

'상을 타다'를 remporter un prix라고 한다. remporter는 단지 '얻는

다, 획득한다'는 뜻의 obtenir와 달리, 어려움을 이겨내거나 경쟁을 뚫고 얻는다는 의미를 갖는 것이다. 이로부터 '승리'를 '거두다' 할 때 역시 remporter une victoire라고 하고, '성공'을 '거두다'도 remporter un succès라고 한다.

승리를 거두다[거머쥐다] remporter une victoire
총을 쏘지 않고 우리는 승리했다.
Nous avons remporté la victoire sans tirer un coup de feu.

(잠깐) 한 잠 자다, 풋잠을 자다 piquer un roupillon, faire un petit somme
피곤해 보이는데, 한 잠 자렴.
Tu as l'air fatigué(e), va piquer un roupillon.

합의를 보다 être d'accord, tomber d'accord, (서로) se mettre d'accord
가격에 대해 합의를 봤어요.
On s'est mis d'accord sur le prix.

'도움을 주다'도 '도와주러 온다'는 의미로 개념화된 다음과 같은 표현이 있으니 알아두면 좋을 것이다.

도움을 주다 venir à l'aide [au secours] de *qqn*; venir en aide à *qqn*
테러와 싸우기 위해서는 이 두 나라에게 도움을 줘야 한다.
Nous devons venir à l'aide de ces deux pays afin de lutter contre le terrorisme.

그(녀)에게 도움을 주기 위한 도구와 조처들이 제공될 것이다.
On lui donnera des outils et des mesures pour lui venir en aide.

3장 상태

1. 기본 표현 구조

프랑스어에서 상태를 표현할 때 쓰이는 기능동사는 être와 avoir이다. 1.1.에서는 être를, 1.2.에서는 avoir를 써서 표현하는 방식을 알아보기로 한다.

그런데 그에 앞서 더욱 기본적인 표현을 알아보도록 하자. 사람의 신체 상태나 감정상태, 또는 사물의 어떤 상태를 표현하고자 할 때, 항상 쓸 수 있는 표현은 '~한 상태에 있다' 혹은 '~한 상태이다'라는 표현일 것이다. 이것을 프랑스어로 할 때는 다음과 같이 「être dans un état + 형용사」의 형태를 쓰면 된다.

☞ ... 상태(에 있다/이다)
　être dans un état + 형용사

　그 환자는 식물인간 상태이다.
　(Le / La) malade est dans un état végétatif.

　환자가 쇠약한 상태입니다.
　(Le / La) malade est dans un état faible.

　그 친구 정말 딱한 상태예요.
　Il est dans un état vraiment pitoyable.

　기업은 부실 경영으로 인한 심각한 상태이다
　L'entreprise est dans un état critique dû à une mauvaise gestion.

état 뒤에 'de + 명사 + 형용사'를 쓰는 형태도 가능하다. 즉 다음과 같이 『être dans un état de 명사 + 형용사』를 쓰는 것이다.

☞ ... 상태(에 있다/이다)
　être dans un état de 명사 + 형용사

이때 주의할 것은 형용사가 필수적이라는 점이다.

　그는 극도의 흥분 상태에 있어요.
　Il est dans un état d'excitation extrême.

　그 사람은 완전 만취 상태였어요.
　Il était dans un état d'ébriété totale.

　나는 만성적 피로 상태이다.
　Je suis dans un état de fatigue permanent.

　나는 믿을 수 없을 정도로 행복한 상태였다.
　J'étais dans un état de boheur incroyable.

　그는 최악의 절망 상태에 있었다.
　Il était dans un état de désespoir abominable.

그런데 경우에 따라 형용사 없이 명사만 쓰는, 관용적인 표현들도 있다. 이들은 전치사를 en으로 쓰고 명사 앞에 관사를 쓰지 않는 형식을 취한다. 즉 『être en état de + 명사』의 형식이 된다.

☞ ... 상태(에 있다/이다)
　être en état de 명사

　경계[비상대기]상태이다 être en état d'alerte

우리 팀은 비상대기상태예요.

Notre équipe est en état d'alerte.

작동되는 상태에 있다 être en état de marche

이 모터는 작동되는 상태입니다.

Ce moteur est en état de marche.

이 (커피) 자판기는 작동되는 상태입니다.

(Ce distributeur / Cette machine à café) est en état de marche.

만취상태이다 être en état (d'ébriété / d'ivresse)

그 사람 만취 상태였어요.

Il était en état (d'ébriété / d'ivresse).

다음에서 coma dépassé와 mort cérébrale은 '뇌사'를 뜻하는 복합명사이다.

뇌사상태에 있다 être en état de mort cérébrale, être en état de coma dépassé

그 환자는 뇌사상태에 있어요.

(Le patient / La patiente) est en état de mort cérébrale.

좋은 상태이다 être en bon état

그의 차는 교통사고에도 불구하고 좋은 상태였다.

Sa voiture était en bon état malgré son accident de la route.

나쁜 상태이다 être en mauvais état

어떤 서류들은 상태가 나쁠 수 있다.

Certains documents peuvent être en mauvais état.

1.1. être 구문

▶ être en 명사

이제부터는 '상태'(état)라는 표현 없이 개별적인 술어명사를 쓸 때는 어떻게 하는지 알아보도록 하자.
우선 몇 가지 예를 살펴보자.

컨디션[건강]이 좋다 être en forme
그는 컨디션이 좋아요.
Il est en forme.

건강이 (좋다/나쁘다) être en (bonne / mauvaise) santé
건강이 좋으시군요.
Vous êtes en bonne santé.

위험에 빠져 있다 être en (danger / péril)
그는 큰 위험에 빠졌어요.
Il est en (péril / danger).

즐거워하다 être en joie
그녀는 즐거워해요.
Elle est en joie.

화가 나 있다 être en colère
고장이 나 있다 être en panne
세일 중이다 être en solde
판촉 중이다 être en promotion

이처럼 프랑스어에서서는 상태를 나타내는 많은 명사들이 이렇게 'être en' 구문에 쓰일 수 있다. 많이 활용하기 바란다.

▶ 사역형 'mettre *qqch* en 명사'

'être en 명사'의 구문이 가능하면 그 사역형인 'mettre en 명사' 구문도 가능하다. 다음의 예를 보자.

    a) Mon portable est en veille. (내 휴대폰은 대기모드이다.)
    b) Je mets mon portable en veille. (나는 내 휴대폰을 대기모드로 놓는다.)

휴대폰이 대기모드에 있다는 상태를 나타내는 a)구문으로부터 내가 그 휴대폰을 대기모드로 놓는다는 사역(causatif) 구문을 만들려면 주어였던 휴대폰을 목적어 자리에 놓고 être 대신 mettre를 놓으면 된다. 이를 구조식으로 표시하면 다음과 같다.

    A être en 명사 (A가 ~상태에 있다)
    → B mettre A en 명사 (B가 A를 ~상태로 만들다)

이제 이런 형식의 구문들을 살펴보자.

    대기모드이다 être en (mode) veille
    대기모드로 놓다 mettre *qqch* en (mode) veille
    제 컴퓨터는 대기모드입니다.
    Mon ordinateur est en (mode) veille.

    저는 휴대폰을 대기모드로 전환했습니다.
    J'ai mis en veille mon ordinateur portable.

무음모드이다 être en (mode) silencieux
무음모드로 놓다 mettre *qqch* en (mode) silencieux

제 휴대폰은 무음모드입니다.

Mon portable est en silencieux.

지원자들은 휴대폰을 무음으로 놓아야 합니다.

Les candidats doivent mettre en silencieux leur portable.

세일 중이다 être en solde
세일을 하다 mettre *qqch* en solde

이 상품은 세일 중입니다.

(Cet article / Ce produit) est en solde.

이 상품을 세일을 할 예정이예요.

On va mettre ce produit en solde.

고장이 나 있다 être en panne
고장을 내다 mettre *qqch* en panne

격앙되어 있다 être en fureur, [구어] être en rogne
격앙을 시키다 mettre *qqn* en fureur, [구어]mettre [foutre] *qqn* en rogne
감옥에 수감되어 있다 être en prison (= être emprisonné(e))
감옥에 넣다 [가두다] mettre *qqn* en prison (= emprisonner *qqn*)

자유롭다, 석방되어 있다 être en liberté
방면하다, 석방하다 mettre *qqn* en liberté (=libérer)

그는 석방되었다.

Il est en liberté.

재판관은 죄인을 석방하였다.
Le juge a mis le criminel en liberté.
Le juge a libéré le criminel.

위험하다 être en danger
위태롭게 하다 mettre *qqn/qqch* en danger
우리의 이익이 위태롭다.
Nos intérêts sont en danger.

그의 행위는 우리의 이익을 위태롭게 할 것 같아.
Ses actes pourraient mettre en danger nos intérêts.

~가 걸려 있다, ~이 문제되다 être en jeu
~을 걸다 mettre *qqch* en jeu
큰 돈이 걸려 있어.
Une grosse somme est en jeu.

큰 돈을 걸자.
On va mettre une grosse somme en jeu.

당신 목숨이 걸린 문제입니다.
Votre vie est en jeu.

그녀를 구하기 위해 나는 목숨을 걸어야 했다.
Pour la sauver, il m'a fallu mettre la vie en jeu.

문제가 되다 être en cause
문제시하다, 죄를 묻다 mettre *qqch/qqn* en cause

이 사람은 문제가 될 수 있다.
Cette personne pourrait être en cause.

이 사람은 바이러스 전파로 문제시될 수 있다[죄를 물을 수 있다].
Cet individu pourrait être mis en cause dans la propagation du virus.

패배하다 être en déroute
패배시키다, 이기다 mettre *qqch* en déroute
군대가 패퇴했다.
L'armée est en déroute.

어제 한국팀은 프랑스팀을 패배시켰다.
Hier, l'équipe coréenne a mis en déroute l'équipe française.

저당이[담보로] 잡히다 être en gage [en hypothèque]
저당을[담보로] 잡히다 mettre *qqch* en gage [en hypothèque]
네 차가 담보로 잡혔어.
C'est ta voiture qui est en gage.

나는 차를 담보로 잡혔다.
J'ai mis en gage ma voiture.

나는 집을 담보로 잡혔다.
J'ai mis ma maison en gage / J'ai hypothéqué ma maison.

이제 사역형인 mettre 구문을 공부해 보자.

기탁을 하다 mettre *qqch* en dépôt (=déposer)

나는 계약금을 은행에 기탁을 했다.
J'ai mis la caution en dépôt à la banque.

격리시키다 mettre *qqn* en quarantaine, mettre *qqn* en confinement
이 사람들은 격리를 시켜야 합니다.
Il faut mettre en quarantaine ces personnes.

우리를 지켜줄 유일한 방법은 모든 사람들을 격리시키는 것이었다.
Le seul moyen de nous protéger, c'était de mettre toutes les personnes en confinement.

경각심을 갖게 하다 mettre *qqn* en garde
이 사고는 우리 모두에게 경각심을 갖게 해주었다.
Cet incident nous a tous mis en garde.

실천[실행]에 옮기다 mettre *qqch* en pratique [en usage]
가능한 빨리 계획을 실행에 옮기자.
On va mettre ce projet en pratique le plutôt possible.

조명하다 mettre *qqch* en (pleine) lumière
그 학자의 학설이 근래에 새롭게 조명되고 있다
On a récemment de nouveau mis en pleine lumière sa théorie.

부각을 시키다, 강조하다 mettre l'accent sur *qqch*; mettre *qqch* en avant [en valeur]
저는 지속가능한 발전을 강조하고자 합니다.
Je tiens à mettre l'accent sur le développement durable.

규탄하다 mettre *qqn* en accusation (=accuser)

우리는 여당의 불법선거운동을 규탄하다.

Nous mettons en accusation les propagandes électorales illégales du parti au pouvoir.

정렬을 하다, 나란히 배열을 하다 mettre *qqch* en ordre (=ranger)

학생들의 이름을 가나다순으로 배열하세요.

Mettez le nom des étudiants dans l'ordre alphabétique.

개척[개발]하다 mettre *qqch/qqn* en valeur

그들은 이 토지를 개발할 예정이다.

Ils vont mettre en valeur ce terrain.

- mettre를 명사화시켜서 쓰기도 한다. 예를 들어 천연자원의 개발이라고 하려면 la mise en valeur des ressources naturelles이라 하면 된다.

우리 어린이들의 잠재 능력을 개발시켜야 합니다.

Il faut mettre en valeur les capacités potentielles de nos enfants.

▶ entrer en 명사, se mettre en 명사

우리는 지금까지 '화가 나 있다'는 상태 표현에서 '화나게 만들다'는 사역표현을 만들어 보았다.

화가 나 있다 être en colère
화를 돋우다 mettre *qqn* en colère

그는 화가 나 있다.

Il est en colère.

그 일은 그를 화나게 했다.
Cela l'a mis en colère.

그런데 여기서 한 발 더 나아가, 만일 사역구문으로부터 목적어를 주어와 동일하게 설정하면(대명동사 se mettre가 되어), 주어가 스스로 그러한 상태에 들어가게 한다는, 그러한 상태가 시작된다는 의미를 나타내게 될 것이다.

그는 자신을 화나게 했다 → 그는 화를 냈다.
Il s'est mis en colère.

다음 문장들을 보자. a)의 être en은 파업의 상태를 나타내지만 b)의 se mettre en은 파업의 시작을 나타내게 된다.

a) 이 회사의 노동자들은 파업 중이다.
Les ouvriers de cette société sont en grève.

b) 이 회사의 노동자들은 파업을 시작했다.
Les ouvriers de cette société se sont mis en grève.

그리고 이때 se mettre en 구문은 entrer en으로 바꾸어 쓸 수 있다. 한국어도 동일하게 '(상태)에 들어간다'고 한다.

이 회사의 노동자들은 파업에 들어갔다.
Les ouvriers de cette société sont entrés en grève.

사실 위의 '화를 내다'도 프랑스어에서는 entrer en을 쓸 수 있다.

Il s'est mis en colère. = Il est entré en colère.

이렇게 정리할 수 있겠다.

상태를 나타내는 'être en 명사' 구문이 가능하면 그 상태의 시작을 나타내는 구문, 즉 한국어로 '(상태)에 들어가다'라는 표현이 가능한데, 이것은 'se mettre en (상태)' 구문이나 한국어와도 동일한 'entrer en (상태)' 구문으로 표현된다. 어떤 상태가 시작하는 국면을 표시하는 것을 언어학 용어로 '기동상'(aspect inchoatif)이라 하는데, 이제 프랑스어에는 매우 체계적인 다음과 같은 관계가 성립함을 이해할 수 있을 것이다.

[상태] être en N
[사역] mettre *qqch/qqn* en N
[기동] se mettre en N = entrer en N

이러한 관계에 있는 대표적인 표현들을 공부해 보자.

갈등이 있다 être en conflit avec *qqn*
갈등상황에 들어가다 se mettre [entrer] en conflit avec *qqn*
두 나라는 종교 문제로 오랫동안 갈등하고 있었다.
Les deux pays ont longtemps été en conflit à cause de la religion.

두 나라는 종교 문제로 갈등관계에 들어갔다.
Les deux pays se sont mis en conflit à cause de la religion.
Les deux pays sont entrés en conflit à cause de la religion.

위기[불황]이다 être en crise
위기[불황]에 들다 entrer en crise
자동차 산업이 불황이다.
L'industrie automobile est en crise.

자동차 산업이 불황에 들어갔다.
L'industrie automobile est entrée en crise.

(요인이) 효과가 있다 être en jeu
(요인이) 효과를 발휘하다 entrer en jeu
이 일에서 효과를 발휘하는 요인은 무엇인가?
Quels facteurs entrent en jeu dans cette affaire ?

발효 중이다 être en vigueur, être en application
발효를 시키다 mettre *qqch* en vigueur, mettre *qqch* en application
발효에 들어가다 entrer en vigueur, se mettre en application
휴전 협정이 발효 중이다.
Le traité d'armistice est en vigueur [appliqué].

평화협정은 오늘부터 발효에 들어간다.
Le traité de paix entre en vigueur dès aujourd'hui.

1.2. avoir 구문

지금까지는 프랑스어에서 상태를 나타낼 때 쓰는 être 구문에 대해 알아보았다. 이제 또 하나 우리가 기억해야 할 것은 프랑스어에서는 'avoir + 상태명사'의 패턴이 다른 하나의 축을 형성하고 있다는 사실이다.
이는 우선 한국어에서 '상태명사 + 있다'에 해당한다고 볼 수 있다.

요령이 있다[없다] avoir du [ne pas avoir de] savoir-faire
운이 있다[좋다] avoir de la chance
재수가 없다 ne pas avoir de chance
재능이 있다 avoir du talent

걱정거리가 있다 avoir des préoccupations

권리[권한]가 있다 avoir un droit[des droits] sur *qqn/qqch*

그는 이 땅에 대해 아무런 권리도 없다.

Il n'a aucun droit sur ce terrain.

신용이 있다 avoir une bonne réputation, avoir du crédit auprès de *qqn*

정치적으로 성공하려면 무엇보다 신용이 있어야 한다.

Pour réussir en politique, il faut avant tout avoir une bonne réputation.

그러나 이것만으로는 프랑스어의 'avoir + 상태명사'의 패턴을 다 커버할 수 없다. 왜냐하면 한국어에서는 없거나 매우 부자연스러운 표현들이 프랑스어에서는 많은 경우 가능하기 때문이다. 따라서 다음과 같이 프랑스어식 avoir 표현을 쓰도록 노력해야 한다.

슬프다 → 슬픔이 있다 avoir du chagrin
성격이 좋다 → 좋은 성격을 갖고 있다 avoir bon caractère
존경하다 → 존경심이 있다 avoir de l'estime pour *qqn*
소름 끼치다 → 공포심이 있다 avoir horreur

뱀은 소름끼쳐 → 뱀에 대한 공포심이 있어.

J'ai horreur des serpents.

불쌍하다 → 동정심이 있다 avoir pitié

그 사람들이 불쌍해. → 동정심을 가지다

J'ai pitié d'eux.

창피하다 → 수치심을 가지다 avoir honte

너 때문에 챙피해 죽겠어. → 수치심을 가지다
J'ai honte pour toi.

지각하다 → 지체가 있다 avoir du retard

보다 자세한 사항들은 다음의 절들(2.~6.)에서 많이 공부하게 될 것이므로 여기서는 이 같은 프랑스어의 특성만 알아두기로 하자.
한편 프랑스어에는 지금까지 이야기한 être 구문과 avoir 구문이 모두 가능한 경우도 많다.

▶ 두 구문 모두 가능한 경우

두 구문이 모두 가능한 경우들의 예들을 살펴보자.

기차가 늦는다.
Le train a du retard.
Le train est en retard.

- 늦는다는 행위를 표현하려면 prendre 동사를 써서 다음과 같이 할 수 있다.
  내 시계는 늦게 간다.
  Ma montre prend du retard.
- 늦는 정도를 다음과 같이 표현할 수 있다.
  내 시계는 5분 늦다.
  Ma montre a cinq minutes de retard.

감탄하다 → 감탄을 가지다
avoir de l'admiration pour *qqn/qqch* (=aimer *qqn* à la folie)
être en admiration devant *qqn/qqch*, être dans l'admiration de *qqn/qqch*

그는 이 그림에 탄복했다.
Il a de l'admiration pour ce tableau.
Il était en admiration devant ce tableau.

열렬한 사랑을 품다, 몹시 사랑하다
avoir de l'adoration pour *qqn*
être en adoration devant *qqn*
그는 그녀를 몹시 사랑한다
Il a de l'adoration pour elle.
Il est en adoration devant elle.

고장이 나다
avoir une panne
être en panne
우리 차가 고장이 났다.
Notre voiture a eu une panne.
Notre voiture est en panne.

~할 책임을 지다
avoir la charge de Vinf
être en charge de Vinf
그가 조사를 책임진다.
Il a la charge de l'enquête.
Il est en charge de l'enquête.

~할 권리가 있다
avoir le droit de Vinf
être en droit de Vinf

거기에 대해 그는 말할 자격이 있다.
Il a le droit d'en parler.
Il est en droit d'en parler.

누구와 신경전을 하다[벌이다]
avoir une guerre des nerfs avec *qqn*
être en guerre des nerfs avec *qqn*

2. 상태 표현 être

앞서 보았듯이 프랑스어에는 상태를 나타낼 때 'être en' 구문을 쓴다. 이 절에서는 다양한 사물의 상태를 이 패턴을 이용하여 표현하는 예들을 공부해 보자.

☞ être en + 상태 명사

상승 중이다 être en hausse, être en augmentation
이용률이 50% 상승한 이후 계속 상승 중이다.
Le taux d'utilisation a augmenté de 50 % et est en hausse constante.

수요가 급상승하고 있다.
La demande est en augmentation rapide.

상승 일로에 있다 être en voie d'augmentation

감소 중이다 être en décroissance, être en diminution
범죄 발생률이 예년보다 5% 감소세에 있다.
Le pourcentage de crime a diminué de 5 % par rapport aux années précédentes.

활황이다, 붐이다, 폭발 중이다 être en boom, être en explosion
요즘 샌드위치 시장이 활황이다.
Le marché du sandwich est en plein boom [en pleine explosion] ces derniers temps.

한창이다, 활황이다, 급상승 중이다 être en plein essor

이 산업은 급상승 중이다.

Cette industrie est en plein essor.

감소하다, 저하되다, 뒷걸음질 치다 être en recul

원유 재고가 2000년 이래 전 세계적으로 뒷걸음질 치고 있다.

La disponibilité du pétrole brut est en recul dans le monde depuis 2000.

위험에 처해 있다, 위태롭다 être en danger

그 아이가 위태롭다.

L'enfant est en danger.

지구는 위험에 처해 있어서 곧 행동하지 않으면 안 된다.

La planète est en danger et il est donc nécessaire d'agir tout de suite.

위험을 벗어나 있다 être hors de danger

환자가 위험한 상태는 벗어났다.

Le malade est hors de danger.

적자 (상태)이다 être en déficit

우리 회사는 지금 적자이다.

Notre société est en déficit.

~이 과하다 être en excès de 명사

벨기에인은 둘 중 하나가 과체중이다.

Un Belge sur deux est en excès de poids.

적어도 부모 중 한쪽이 과체중이면, 본인도 과체중(혹은 비만)이 되는 위험이 증가한다.

Le risque d'avoir un excès de poids (ou obésité) augmente, si au moins un des parents est en excès de poids.

과속이거나 앞 차와 너무 가까울 때 전화 사용을 불가능하게 만드는 것이 기술적으로 실행 가능할 것이다.

Il va devenir techniquement faisable de rendre impossible l'utilisation du téléphone lorsqu'on est en excès de vitesse ou trop près du véhicule précédent.

불균형하다 être en déséquilibre.

시장이 잘 기능하기 위해서는 가격이 불균형할 경우 시장에 들어가서 가격의 균형을 다시 맞추어야 한다.

Pour que les marchés fonctionnent bien, les participants doivent y entrer lorsque les prix sont en déséquilibre et les remettre en équilibre.

참고로 '균형을 잃다'을 어떻게 표현하는지를 알아보자. 물론 앞서 배운 대로 perdre를 쓰면 된다.

균형을 잃다 perdre l'équilibre

출발을 잘못한 후 너무 세게 가속하는 바람에 나는 균형을 잃었다.

Après un mauvais départ, j'ai accéléré si fort que j'ai perdu l'équilibre.

이렇게 하면 당신은 더 쉽게 균형을 잃을 것이에요 → 이것은 당신을 더 쉽게 균형을 잃게 만들 수 있다.

Ceci peut vous faire perdre l'équilibre plus facilement.

(약속, 의무) 불이행 상태이다 être en défaut

채무자가 채무 불이행 상태이면 대출금은 배상[환불]되어야 한다.

Les prêts doivent être remboursés si le débiteur est en défaut.

~ 도중에 있다 être en voie de + 명사

멸종위기에 처하다 être en voie d'extinction [d'extermination]

자연환경의 파괴로 이미 수많은 동·식물들이 멸종 위기에 처해 있다.

Beaucoup d'espèces d'animaux et de plantes [animales et végétales] sont déjà en voie de disparition à cause de la destruction de l'environnement.

지나친 남획으로 이 동물은 멸종될 위기에 처해 있다.

Cet animal est une espèce en voie de disparition à cause d'une chasse trop intensive.

조화를 이루고 있다 être en phase [en accord, en harmonie] avec *qqch*

이 별장은 자연과 조화를 이루고 있다.

Cette maison de campagne est en phase [en accord, en harmonie] avec la nature.

~의 절정[극치]에 있다 être au comble de 명사

그 시인은 환희의 절정에 있었다.

Le poète était au comble de sa joie.

감정이 절정에 이르렀었다.

L'émotion était à son comble.

들끓다, 비등하다 être en effervescence

여론이 들끓고 있다.

L'opinion publique est en effervescence.

대통령의 공식 사과를 요구하는 여론이 비등하고 있다.

L'opinion publique, qui demande des excuses officielles du chef de l'État, est en effervescence [ébullition].

쇠망하다 être en décadence

전쟁 후에 그 도시는 쇠망의 길을 걷고 있다.

La ville est en décadence après la guerre.

• être décadent(e). être sur le déclin, être au bord de la ruine 등으로 교체될 수 있다.

유행하다, 인기있다 être en vogue [à la mode]

그것은 그게 유행해서가 아니라 이익이 되기 때문이야.

Ce n'est pas parce qu'il est à la mode, mais bien parce que c'est rentable !

당시에는 여우털 옷이 유행했었다.

A cette époque-là, la fourrure de renard était en vogue.

내가 인기가 있건 없건, 난 상관없어.

Que je sois en vogue ou pas, c'est du pareil au même pour moi.

~이 부족한 être en rupture de *qqch*

재고가 부족하다[바닥나다]

être en rupture de stock

그 옷은 재고가 바닥났다.

Ce vêtement est en rupture de stock.

내가 찾는 출판물이 재고가 없다는 것을 통보 받았다. 언제 들어올지 어떻게 알 수 있을까?

J'ai été informé que la publication que je cherche est en rupture de stock; comment puis-je savoir quand elle deviendra disponible ?

~에 정비례[반비례]하다 être en proportion directe[inverse] de *qqch*
인력(引力)은 질량에 정비례하고 거리의 제곱에 반비례한다.

L'attraction est en proportion directe de la masse et en proportion inverse du carré de la distance.

☞ **사역은 mettre로**

앞서 보았듯이 'A être en 상태' 구문은 사역형으로 'B mettre A en 상태' 구문을 가지므로 이를 이용해 다양한 표현을 할 줄 아는 것이 좋겠다.

혼란에 빠지다 être en désordre; tomber en [dans le] désordre
혼란[무질서]에 빠뜨리다, 혼란을 야기하다 mettre *qqch* en désordre (=causer du désordre)
그들은 정돈되어 있던 것을 어질러 놓았고 모든 장롱을 뒤졌다.

Ils ont mis en désordre ce qui était en ordre, ils ont fouillé toutes les armoires.

위기이다, 불황이다 être en crise
위기에 들다 se mettre [entrer] en crise

우리가 겪었던 위기에서 내 흥미를 끄는 것은 위기에 든 것이 오직 시스템일 뿐이라는 점이다.

Ce qui m'intéresse dans la crise que nous vivons, c'est que c'est le système qui se met en crise, tout seul.

직결되다 être en rapport direct avec
직결시키다 mettre *qqch* en rapport direct avec (=lier *qqch* directement à *qqch*)
이 서비스는 생산자와 소비자를 직접 연결한다.

Ce service met en rapport direct les fabricants et les consommateurs.

때로는 mettre 대신 prendre가 쓰이기도 한다.

거리를 두다 (mettre / prendre) de la distance
해결책을 찾지 못하겠으면 문제에서 떨어져 보도록 해라.

Si tu n'arrives pas à trouver une solution, essaye de prendre de la distance par rapport à ce problème.

거리를 두다, (객관적인 평가를 위해) 거리를 두고 보다 prendre du recul
나는 내 잘못이 무엇인지 알아보기 위해 항상 거리를 두고 본다.

J'essaie de prendre toujours du recul pour savoir quels sont mes torts.

3   신체 상태 표현

프랑스어에서 신체 상태를 표현할 때는 avoir 구문과 être 구문이 모두 가능하다. 하나씩 살펴보자.

3.1. avoir 유형

☞ **(한) 형용사 → avoir + 명사**

'아프다', '춥다', '덥다', '목마르다' 등처럼 신체의 느낌을 표현하고자 할 경우, 프랑스어로는 형용사가 아니라 'avoir + 명사'의 형태를 쓴다. 즉 '아픔을 가지다'와 같이 표현하는 것이다.

아프다 avoir mal à + 신체일부

팔이 아파.
J'ai mal au bras.

머리가 아파./두통이 있어.
J'ai mal à la tête.

배가 아파요.
J'ai mal à l'estomac.

이 칼라는 너무 좁아서 목이 아파.
Ce col est trop étroit, j'ai mal au cou.

어디가 아프세요?
Où avez-vous mal ?

☞ **신체가 어떻다 → avoir le + 신체 + 형용사**

▶ **사람의 특징으로서의 신체에 대한 표현은 avoir로**

사람의 속성으로서의 신체 상태는 『avoir le + 신체 + 형용사』로 표현한다.

그 여자는 눈이 파래요.
Elle a les yeux bleus.

아들 아이가 벌써 콧수염이 났어요.
Mon fils a déjà la moustache.

그 사람, 귀가 좀 먹었어.
Il a l'oreille dure.
Il est dur d'oreille.

그 사람은 머리숱이 적던데.
Il a les cheveux rares.

그 사람은 머리가 검습니다.
Il a les cheveux noirs.

그 분은 백발이세요.
Il a les cheveux blancs.

그런데 신체 명사에 부분관사를 쓰면, 그 신체 부위의 부분, 즉 일부만을 가리키게 된다. 예를 들어, 모발을 뜻하는 cheveux에 부분관사의 복수형인 des를 쓰면 모발의 일부를 뜻하게 된다.

그 사람, 흰머리[새치]가 많아요.
Il a **des** cheveux blancs.

정관사 les를 쓴 위의 문장과 비교해 보라.
부분관사 복수형 des의 예를 하나 더 들어보자.

그가 보내준 사과를 다 먹었다. [정관사]
J'ai mangé les pommes qu'il m'avait envoyées.

그가 보내준 사과를 좀 먹었다. [부분관사 복수형]
J'ai mangé des pommes qu'il m'avait envoyées.

☞ (한) 사역형 '...게 하다' → faire + 명사

사역형으로는, 그러니까 '...게 하다'라고 할 때는 faire를 쓴다. 이때 avoir 구문과 마찬가지로, 관사는 쓰지 않는다.

아프게 하다 faire mal à + 신체일부 à *qqn*
너 때문에 팔이 아프잖아.
Tu me fais mal au bras.

이 칼라는 너무 좁아서 목이 아파.
Ce col est trop étroit, ça me fait mal au cou.
- 이 칼라는 너무 좁아서 목이 불편해.
  Ce col est trop étroit, ça me gêne le cou.

여기, 아파요? → 이것이 당신을 아프게 해요?
Ça vous fait mal ?

덥다 avoir chaud

덥게 하다 faire chaud à *qqn*

이거 후끈하군!

Ça fait chaud !

- 이런 숙어 외워두는 것은 어떨까? 'Cela ne fait ni chaud ni froid à *qqn*' 직역하면 '그것은 ...에게 덥게 하지도 차겁게 하지도 않는다'는 뜻으로 '...에게 상관없다'라는 뜻.

  그건 나 알 바 아니야./난 상관없어.

  Cela ne me fait ni chaud ni froid.

춥다 avoir froid

춥게 하다 faire [donner] froid à *qqn*

추울 때는 손에다 입김을 불게 마련이지.

On souffle dans ses doigts quand on a froid.

(손/발)이 시려워.

J'ai froid aux (mains/pieds).

귀 시려!

J'ai froid aux oreilles.

그걸 하니까 등이 서늘하네. → 그것은 등에 froid를 준다

Cela me donne froid dans le dos.

soif는 사역형으로 donner를 쓴다.

목마르다 avoir soif

목마르게 하다 donner soif à *qqn*

과자를 먹으니 목이 마르네.

Les gâteaux me donnent soif.

그거 목마르게 하네.
Ça me donne soif.

mal에 부분관사 du를 쓰면 신체적 느낌으로서의 '아픔'이 아니라 '어려움'의 뜻이 되어, '어렵다, 힘들다'라는 뜻이 되니 주의해야 한다.

어렵다, 힘들다 avoir du mal à + 부정법

이 때의 du mal은 '어려움'을 뜻하고 'à + 부정법'은 '...하는 데 있어서'라는 뜻이다. 즉 '...하는 데 있어서 어려움을 가지다'라는 뜻이다.

그 사람이 말하는 것은 이해하기가 어려워.
J'ai du mal à comprendre ce qu'il dit.

avoir 구문과 상관이 없지만, bien과 mal에 부분관사 du를 쓰는 다음의 faire 구문은 알아 두자.

해로움을 주다[끼치다] faire du mal à + 명사
이로움을 주다 faire du bien à + 명사

mal이 다양한 뜻을 가지고 있어서 골치가 아프다. 여기서의 du mal은 '해(악)'을 뜻한다. 따라서 faire du mal은 '...에 해를 끼치다'라는 뜻이 된다. 반대로 du bien은 '이로움'을 뜻하는 말이다.

우박 때문에 수확물에 피해가 생겼습니다.
La grêle a fait du mal aux récoltes.

비가 수확물에 도움이 되었습니다.
La pluie a fait du bien aux récoltes.

그 사람은 파리 한 마리 못 죽일 사람이야.

Il ne ferait pas de mal à une mouche.
- 부정문이라 du가 de가 되었다.

그 약 덕을 많이 봤습니다. → 이로움을 주었습니다

Ce remède m'a fait (grand bien/beaucoup de bien).

그것은 선생님께 이로움보다는 해로움이 더 클텐데요.

Cela vous ferait plus de mal que de bien.

그건 이롭지도 해롭지도 않아요.

Cela ne fait ni bien ni mal.

3.2. être en/dans N 유형

avoir 구문에 이어, 이제 신체상태를 나타내는 être 구문을 살펴보자.

건강이 (좋다/나쁘다) être en (bonne / mauvaise) santé

저는 건강이 안 좋아요.

Je suis en mauvaise santé.

그녀는 건강이 매우 좋다.

Elle est en excellente santé.

그는 정신건강이 좋다.

Il est en bonne santé mentale.

컨디션[건강]이 좋다 être en forme

저 선수 오늘 컨디션이 대단히 좋습니다.

Ce joueur-là est en (pleine / grande) forme aujourd'hui.

컨디션[건강]이 나쁘다 être en mauvaise forme

저 선수 오늘 컨디션이 나쁘군요.

Ce joueur-là est en mauvaise forme aujourd'hui.

슬럼프에 빠지다 être en déforme

그 축구선수는 슬럼프에 빠졌다.

Ce footballeur est en déforme.

혼수상태다 être dans le coma

환자가 혼수상태예요.

Le malade est dans le coma.

평소보다 더 멋져 보이다 être en beauté

오늘 그녀는 한층 아름다와 보인다.

Elle est en beauté aujourd'hui.

~할 나이이다 être en âge de Vinf / être d'âge à Vinf

우리 딸은 결혼할 나이다.

Ma fille est en âge de se marier.

나는 아직 결혼할 나이가 아니에요.

Je ne suis pas encore en âge de me marier.

환각 상태에 있다 être en défonce

그[그녀]는 환각에 빠져 있다.

Il [Elle] est en défonce.

être en vie 살아 있다

내가 살아 있는 것은 그 사람 덕분이야.
Je lui dois d'être en vie.

☞ **아직도[여전히] ...이다 → rester**

우리는 대개 rester를 '머물다'라는 뜻으로 알고 있다.

집에 계세요. Soyez chez vous.
집에 머무세요. Restez seul(e)(s) chez vous

그러나 프랑스어에서는 '아직도[여전히]...이다'라는 의미로도 이 rester를 많이 쓴다. 그러니까 다음 문장을 한국인들은 a)로 표현하는 경우가 많은데 프랑스인들은 b)로 표현하는 경우도 매우 많은 것이다.

환자가 (여전히/아직도) 혼수상태예요.
a) Le malade est (toujours / encore) dans le coma.
→ b) Le malade reste dans le coma.

따라서 이제부터 '아직도[여전히] ...이다'라고 하고 싶을 때는 encore를 쓰려고 하지 말고 동사만 rester로 써 보자. 요컨대 être 구문은 '아직도 ~하다'의 의미를 나타낼 때는 언제나 rester로 교체될 수 있다.

검사가 양성이면 계속해서 격리하세요.
Si le test est positif, restez en isolement.

물론 rester 뒤에는 형용사나 과거분사, 전치사구도 쓰인다.

그 조처는 여전히 아무런 효과가 없어요.

Ces mesures restent sans effet.

전화나 인터넷 등, 친구들과 연락을 유지하세요.

Restez en contact avec vos amis, par exemple, au téléphone ou en ligne.

rester와 함께 demeurer도 쓰인다.

그 애는 여전히 그 원칙을 고수하고 있어.

Il demeure attaché à ce principe.

☞ ...에 들어가다 → entrer

'...에 들어가다'라고 할 때는 우리말과 같이 동사를 entrer로 쓰면 된다. être는 언제나 entrer와 교체될 수 있다. 앞서 지적하였듯이(cf. 1.1. être 구문), 이것은 '시작하다'의 의미다. 즉 혼수상태가 시작한다는 말이 된다.

환자가 갑자기 혼수상태에 들어갔어요.

Le malade est entré tout à coup dans le coma.

환자가 깊은 혼수상태에 들어갔어요.

Le malade est entré dans un coma profond.

그 사람이 화를 버럭 내더군.

Il est entré dans une colère noire.

☞ ...에서 빠져나오다 → sortir de + 명사

'...에서 빠져나오다'라고 할 때는 우리말과 같이 동사를 sortir로 쓰면 된다. 이것은 '끝마치다'의 의미다. 즉 혼수상태가 끝난다는 말이 된다. 이것은 비교적 규칙적인 관계이므로, être 구문이 가능한 경우에는 sortir de도 가능하다고 보면 되겠다.

환자가 혼수상태에서 (빠져나왔어요/깨어났어요).
Le malade est sorti du coma.

한국은 경제위기에서 벗어났어요.
La Corée du Sud est sortie de la crise économique.

4. 감정의 표현

'어떠어떠한 감정이 있다'라는 우리말 표현은 프랑스어로는 다음의 (1)이나 (2)의 두 가지 방식 중 하나로 표현한다.

(1) avoir + (du/de la) + 감정명사
(2) être en + 감정명사

(1)과 (2)의 구문이 모두 가능한 경우도 있지만, 둘 중 하나가 자연스러운 경우가 더 많다. 그런데 후자일 경우 둘 가운데 어떤 것을 써야 하느냐 하는 것은, 불행하게도, 개개의 감정명사에 달려 있다.
편의상 (1)의 문형을 취하는 감정명사들을 'avoir 계열'로 칭하고, (2)의 문형을 취하는 감정명사들을 'être en 계열'이라고 칭하여 알아보자.

4.1. avoir 계열

☞ ...이 있다 → avoir + (du/de la) + 감정명사

avoir를 기능동사로 취하는 감정명사에는 다음과 같은 예들이 있다.

불만이 있다 avoir un grief contre + 명사
악감정이 있다 avoir (du ressentiment / de la rancune) contre *qqn*
너 그 친구한테 (악)감정 있니?
As-tu du ressentiment contre lui ?

애정[정]이 있다 avoir de l'affection pour *qqn*
나는 아직 당신에게 애정을 가지고 있어요.
J'ai encore de l'affection pour vous.

자신감이 있다 avoir de l'assurance, avoir confiance en soi
그 여자애는 자신감이 넘쳐서 꼬시기가 꽤 어려워.
Comme cette fille a beaucoup d'assurance, il est assez difficile de la draguer.
· draguer는 '유혹하다'라는 뜻의 tenter, séduire에 비해 속어적인 표현으로 널리 쓰인다.

호기심이 있다 avoir de la curiosité (=être curieux(se))
관심이 있다 avoir de l'intérêt (=être intéressé(e))
우리 아들은 수학(에/이) 재미가 있대요.
Mon fils a de l'intérêt pour les mathématiques.

느낌이 있다 avoir la sensation de ...
아프다는 느낌이 있었나요?
Vous avez la sensation d'être malade ?

한국어에서는 『'감정명사'가 있다』의 구성이 자연스럽지 않아 형용사형만 쓰이는 경우가 많은데, 프랑스어에서는 이러한 패턴이 비교적 폭넓게 쓰인다. 따라서 프랑스어로 표현할 때 형용사 외에도 [avoir + 감정명사]의 패턴으로 전환하여 표현하는 훈련을 해 두면 좋을 것이다.

슬프다 → 슬픔이 있다 avoir du chagrin
놀랍다 → 놀라움이 있다 avoir de l'émerveillement
· être émerveillé(e)로도 많이 쓰인다.
불안하다 → 불안함이 있다 avoir de l'inquiétude
· être inquiet(ète)와 동의어이다.
창피하다 → 창피함이 있다 avoir honte
· être honteux(se)와 동의어이다.
너 때문에 챙피해 죽겠어.
J'ai honte pour toi.

거만하다 → 거만함이 있다 avoir (de l'orgueil / de l'arrogance)
- être orgueilleux(se)와 동의어이다.

이 학생은 (엄청/너무) 거만해요.

Cet élève a (beaucoup d'arrogance / trop d'arrogance).

자부심이 있다 avoir de la fierté, avoir de l'amour-propre
- '자랑스럽다' être fier(ère))

프랑스인들은 (그들의 언어에 대해) 자부심이 있어요.

Les Français ont beaucoup de fierté (en ce qui concerne leur langue).

다음은 프랑스 부모가 아이에게 흔히 하는 말이다.

난 네가 엄청 자랑스러워.

J'ai énormément de fierté pour toi.

Tu es ma (plus) grande fierté.

반하다 avoir béguin

난 그녀에게 반했어.

J'ai encore le béguin pour vous.

옛날에는 그녀가 내게 반했었어.

Autrefois, elle avait le béguin pour moi.

'있다'가 아니라 '느끼다'라고 하려면 éprouver나 ressentir를 쓴다. 다만 avoir 보다는 문어적이다.

질투심을 느끼다 (éprouver/ressentir) de la jalousie

그 때 저는 그 여자한테 질투심을 느꼈어요.
A ce moment-là, j'ai éprouvé de la jalousie à son égard.

수치심을 느끼다 (éprouver/ressentir) de la honte
실망감을 느끼다 (éprouver/ressentir) de la déception
그것에 대해서 저는 실망감을 느꼈어요.
J'ai éprouvé de la déception pour cela.

불안감을 느끼다 (éprouver/ressentir) de l'inquiétude
호기심을 느끼다 (éprouver/ressentir) de la curiosité
공포를 느끼다 (éprouver/ressentir) de la peur
회한을 느끼다 (éprouver/ressentir) des remords
슬픔을 느끼다 (éprouver/ ressentir) de la tristesse
만족을 느끼다 (éprouver/ ressentir) de la satisfaction

신종 코로나바이러스과 관련된 통증이나 증상들을 느끼세요?
Vous ressentez des douleurs ou des symptômes liés au nouveau coronavirus ?

고독을 느끼고 고민을 하거나 공포를 느낄 수 있어요.
On peut ressentir de la solitude, se faire du souci ou éprouver de la peur.

A. 감정의 시작과 끝, 지속의 표현

☞ **...이 나다[생기다]** → prendre

'avoir + 감정명사' 패턴이 가능하면 그 시작의 국면을 나타낼 때는 대개의 경우 prendre를 쓴다.

나는 겁이 났어.
J'ai pris peur.

자신감이 생겼다.
J'ai pris de l'assurance.

나는 그(녀)에게 진실을 고백할 용기를 냈다.
J'ai pris le courage de lui avouer la vérité.

동정을 하다, 불쌍히 여기다 prendre *qqn* en pitié, avoir pitié de *qqn*
나는 사람들이 나를 동정하는 거 싫어.
Je déteste quand les gens me prennent en pitié.

즐거움을 취하다[찾다, 얻다] prendre plaisir à Vinf
그 선생님은 친절하고 사려깊은 동료들과 토론하는 데 즐거움을 찾습니다.
Le professeur prend toujours plaisir à discuter avec ses collègues si gentil(le)s et si attentionné(e)s.

자신감을 얻다 prendre confiance
가장 어려운 순간에도 자신감을 얻고 나아가야 한다.
Dans les moments les plus difficiles, il faut prendre confiance et avancer.

다시 시작하는 의미를 나타낼 때는 reprendre를 쓰면 된다.

다시 용기를 내다 reprendre courage
그는 다시 용기를 냈다.
Il a repris courage.

☞ ...을 잃다 → perdre

'흥미가 있다'는 avoir de l'intérêt를 쓰는 것은 알고 있다. 그러나 '흥미를 잃다'는 프랑스어로 어떻게 하는가?
우리말과 똑같이 perdre를 쓴다.

> 용기가 있다 avoir du courage
> 용기를 잃다 perdre (son/tout) courage

이처럼 감정이 종결되는 국면을 표현할 때 쓰는 '잃다'는 프랑스어에서도 perdre라고 한다.

> 희망을 가지다 avoir de l'espoir
> 희망을 잃다 perdre (son/tout) espoir

그렇다면 관사는 어떻게 할까?
perdre 구문에서는 소유형용사 son/sa나 tout를 쓴다. 왜냐하면 끝이 나려면 (잃으려면) 시작을 했어야 하기 때문이다. 즉 먼저 감정이 있었고 바로 그 감정이 끝이 난 것이기 때문에 소유형용사나 tout를 쓰게 되는 것이다.
예를 들어 보자.

> 흥미를 갖다 avoir de l'intérêt
> 흥미를 잃다 perdre (son/tout) intérêt
> 이제 그 일에는 완전히 흥미를 잃었어.
> J'ai perdu tout intérêt pour ce travail.
>
> 자신감을 가지다 avoir de l'assurance, avoir confiance en soi

자신감을 잃다 perdre (son/toute) assurance, perdre (sa/toute) confiance

그는 자신감을 잃었다.

Il a perdu (son / toute) assurance.

그녀는 자신감을 잃었다.

Elle a perdu (sa / toute) confiance en elle.

여기서 관사는 de l'를 쓸 수 없다. 즉 'J'ai perdu de l'intérêt.'라고 할 수 없다. 방금 말했듯이 흥미를 잃으려면 먼저 흥미가 있어야 하기 때문이다. 그래서 'J'ai perdu mon intérêt.'하든지 'J'ai perdu tout intérêt.'하든지 해야 한다.

한편 감정이 이미 특정인에게서 오는 감정으로 한정될 경우에는, 즉 '누구의 총애를 받다'처럼 한정될 경우에는 이미 정관사가 붙어있게 되는데(la faveur de *qqn*), 이럴 때는 그 정관사가 그대로 유지된다.

총애를 받다 avoir la faveur de *qqn*
총애를 잃다 perdre la faveur de *qqn*

그 장관은 대통령의 총애를 받고 있습니다.

Le ministre a la faveur du président de la République.

그 장관은 대통령의 총애를 잃었습니다.

Le ministre a perdu la faveur du président de la République.

이처럼 『de + 명사』로 인해 avoir 구문에 이미 정관사가 부착되어 있기 때문에 perdre 구문에서도 그 정관사 la는 그대로 유지가 된다.

신뢰를 받다 avoir la confiance de *qqn*
신뢰를 잃다 perdre la confiance de *qqn*

우리 사장은 사원들의 신뢰를 잃은 지 오래야.
- '...지 오래다'는 (Ça fait/Il y a) déjà longtemps que를 써 보자.

Ça fait déjà longtemps que mon patron a perdu la confiance de ses employés.

~를 품다[유지하다] → garder

한국어에서는 어떤 행위를 한 뒤 그 상태로 계속 유지한다는 의미를 '~해 놓다[두다]'라고 표현한다. 이럴 경우 프랑스어에서는 'garder N 형용사'의 패턴을 사용한다.

문을 닫아 놓으세요. Gardez la porte fermée.
(cf. 문을 닫으세요. Fermez la porte.)

옷을 깨끗이 보관하세요. Gardez vos vêtements propres.

그런데 이 garder를 기능동사로도 사용한다. 즉 술어명사 앞에 쓰여서 avoir나 prendre 등의 기능동사가 쓰이는 자리에 사용되는 것으로, 다만 여기에 '지속'의 의미가 더해지는 것이다. 따라서 우리말로는 '유지하다', '지키다', '품다' 등으로 번역된다.

실패 앞에서는 자신감을 유지하는 것이 중요하다.
Devant l'échec, il est important de garder confiance.

우리는 오래전부터 연락을 유지해 왔어요.
Nous avons gardé contact depuis longtemps.

그는 가족기업의 통솔권을 유지하기를 원한다.
Il souhaite garder la direction de l'entreprise familiale.

요즘은 코비드19로 인해 모든 선수들은 팬들과 거리를 유지해야 한다.

De nos jours, à cause de la COVID-19, tous les joueurs doivent garder de la distance avec leurs fans.

특히 술어명사로 감정이나 추상적 대상이 올 때 많이 사용된다. 예를 들어, '원한을 갖다' 혹은 '원한이 있다'라는 기본적인 표현에 대해 지속성을 강조하려 할 때 '원한을 품다'라고 하는데, 이럴 때 프랑스어에서는 garder를 쓴다.

원한을 갖다[원한이 있다] avoir du ressentiment [de la rancune, de la rancœur] contre *qqn*

원한을 품다 garder du ressentiment [de la rancune, de la rancœur] contre *qqn*

그는 직장상사에 대해 원한을 품고 있다.

Il garde de la rancœur contre son supérieur.

그 친구가 너한테 원한이 있어서 그런 것은 아니야

Ce n'est pas parce qu'il a eu de la rancune contre toi qu'il l'a fait.

그녀는 우리에게 원한을 품고 있는 것 같아.

Elle paraît garder rancune contre nous.

애정을 품다 garder de l'affection pour *qqn*

애착을 갖고 있다 garder de l'attachement pour *qqn/qqch*

그녀는 이 마을에 아직도 큰 애착을 갖고 있어요.

Elle garde un grand attachement pour ce village.

희망을 품다[간직하다] garder espoir

선생님은 내게 항상 희망을 잃지 말라고 하셨다.

Mon professeur m'a dit de toujours garder espoir.

냉정[침착함]을 유지하다 garder [conserver] *son* aplomb [*son* calme, *son* sang-froid]

나는 너무 화가 나서 냉정을 유지할 수가 없다.

Je n'arrive pas à garder mon calme à cause de la colère.

그녀는 끝까지 냉정을 잃지 않았다.

Elle a gardé son sang-froid jusqu'au bout.

그런 위기 상황에서도 냉정함을 유지할 줄 알면 좋겠어.

J'ai envie de savoir garder son sang-froid dans une telle situation critique.

☞ **추상적 대상을 유지하다[지키다]** → garder

나아가 감정 이외의 다양한 추상적 대상에 대해서도 지속의 의미를 나타낼 때 garder가 폭넓게 쓰인다.

중립을 지키다 garder une neutralité

나는 정치적 중립을 지키련다.

Je garderai une neutralité politique.

침묵을 지키다 garder le silence

그 국회의원은 수많은 질문에 침묵을 지켰다.

Le député a gardé le silence face aux questions innombrables.

추억을 마음 속에 간직하다 garder un souvenir dans *son* cœur, garder des souvenirs en mémoire
균형을 유지하다 garder l'équilibre, tenir la balance
전통을 지키다[유지하다] garder [maintenir] la tradition
비밀을 지키다 garder [tenir] un secret, garder le silence
그 일에 대해서는 비밀을 지켜야 해.
Il faut garder le silence sur cette affaire.

그녀는 비밀을 지킬 것을 맹세했다.
Elle a fait le serment de garder le silence.

건강을 지키다, 유지하다 garder la santé, garder la forme
그녀는 건강 지키기 위해 스포츠센터에 등록했다.
Elle s'est inscrite dans un centre sportif pour garder la forme.

체력을 유지하다 garder *ses* forces
몸매를 유지하다 garder *sa* ligne
평판을 유지하다 garder [préserver, conserver] *sa* réputation
우위를 지속하다[지키다] garder [maintenir] *sa* supériorité
품격을 유지하다[잃다] garder [perdre] *sa* dignité [*sa* noblesse]
평형을 유지하다[잃다] garder [perdre] l'équilibre
느낌을 간직하다 garder de l'impression
이 느낌을 영원히 간직하고 싶어.
J'aimerais garder cette impression pour toujours.

B. 사역의 표현

'어떠어떠한 감정이 있다'를 avoir로 표현하는 경우, 이를 사역형('어떠어떠한 감정을 가지게 하다')으로 만들 때는 faire 혹은 donner를 쓴다.

그런데 다음에서 볼 수 있듯이, 언제 faire를 쓰고 언제 donner를 쓰는 지는 오직 술어명사에 달려 있기 때문에 암기하는 수밖에 없다.

무서워 J'ai peur.
그것 때문에 무섭다 → 그것은 나에게 무서움을 준다.
Cela me fait peur.

배가 고프다. J'ai faim.
그것 때문에 배고프다 → 그것은 내게 배고픔을 준다.
Cela me donne faim.

나 더워요 J'ai chaud.
그것 때문에 더워 → 이 옷은 내게 더위를 주고 있어
Ce vêtement me donne chaud.

사역형 동사로 faire를 쓰는 술어명사들을 다음 B1에서 알아보고 donner를 쓰는 술어명사들을 B2에서 알아보도록 하자.

B1. avoir-faire 유형

☞ ...이 있다 → avoir
☞ ...게 하다, ...을 주다 → faire + 명사

먼저 faire를 쓰는 감정명사들을 알아 보자.

겁을 먹다, 겁이 나다 avoir peur
겁을 주다 faire peur à *qqn*
겁이 나./두려워.
J'ai peur.

너 때문에 겁났잖아.
Tu m'as fait peur !

겁 주지 마세요!
Ne me faites pas peur !

이처럼 faire를 기능동사로 취하는 감정명사들은 관사 없이 쓰이는 예가 많은데, 이럴 경우에는 마치 형용사인 것처럼 très의 수식을 빌 수도 있다.

그 사람이 Marie에게 겁을 많이 주었어.
Il a fait très peur à Marie.

공포를 뜻하는 frayeur는 faire뿐 아니라 우리말처럼 donner와도 결합한다.

공포심을 갖다 avoir une frayeur (des frayeurs)
겁[공포감]을 주다 faire[donner] des frayeurs(une frayeur) à *qqn*
그 여자는 벌레[쥐]를 겁을 내요.
Elle a la frayeur des (insectes / rats).

그것 때문에 겁에 질린 나머지 그녀는 매우 창백해졌다.
Ça lui a donné une telle frayeur qu'elle est devenue toute pâle.
- 『...한 나머지 ...하다』는 『tel(le) + 형용사 + que』로 하고, 형용사 수식을 받으면 항상 부정관사를 쓴다.

떨다[전율하다] avoir frisson
떨게[전율하게] 하다 donner des frissons à *qqn*

영광을 갖다 avoir l'honneur de + 부정법
영광을 갖게 하다 faire honneur à *qqn*
영광스럽게도 회장으로 선출되었습니다. → 회장으로 선출된 영광을 가지다
J'ai l'honneur d'être élu président.

(과분하게 대해 주셔서) 황송합니다[영광입니다]. → 제게 큰 영광을 갖게 하시는군요.
Vous me faites là un (grand/bel) honneur.

기쁨을 갖다 avoir le plaisir de + 부정법
기쁨을 주다 faire plaisir à *qqn*
합격을 알려 주게 되어 기뻐. → 합격을 알리는 기쁨을 가지다
J'ai le plaisir de t'annoncer ton succès à l'examen.

네 목소리 들으니 기쁘다.
Cela me fait plaisir de t'écouter.

그러면야 좋지요./좋아요. → 그것은 나에게 기쁨을 준다
Ça me fait plaisir.

언제 선생님을 뵐 수 있을까요?
Quand aurais-je le plaisir de vous revoir ? (흔히 쓰는 기분 좋은 표현)

연민을 갖다 avoir de la pitié envers *qqn*
연민을 느끼게 하다 faire pitié à *qqn*
저 아이, 너무 (불쌍하다/안 됐다). → 저 아이는 연민을 갖게 한다
Cet enfant fait très pitié.

참 딱하군! → 연민을 느끼게 할 정도다

C'est à faire pitié !

정말 못들어 주겠군! → 민망할 정도로 노래를 못하는군!

Elle chante tellement mal qu'elle fait pitié !

끔찍하다 avoir horreur de + (명사/부정법)
끔찍하게 하다 faire horreur à *qqn*

이런 날씨에 외출하는 건 정말 싫어.

J'ai horreur de sortir par un temps pareil.

보기에도 끔찍한 광경이군!

Cela fait horreur à voir !

창피하다 avoir honte de + (명사/부정법)
창피를 주다 faire honte à *qqn*

그렇게 행동하다니 정말 창피해.

J'ai honte d'avoir agi comme ça.

그 녀석에게 창피를 줬지.

Je lui ai fait honte.

내 자신이 창피해 죽겠어.

J'ai terriblement honte de moi.

(그런 일을 한다는 게) 넌 창피하지도 않니?

Tu n'as pas honte (de faire une chose pareille)?

- être la honte de *qqch*는 '...의 수치다'라는 뜻.

  그것은 가문의 수치야.

  Cela fait la grande honte de notre famille.

  C'est la grande honte de notre famille.

그렇게 자신만만해 할 거 없어. 창피한 줄 알아야지.

Il n'y a pas de quoi te vanter. Tu devrais avoir honte.

그렇게 창피해할 것 없어.

Il n'y a pas de quoi avoir honte.

한편 한국어에서 '고통'(peine)의 경우 '갖다'가 아니라 '받다' 혹은 '당하다'와 어울린다. 그러나 프랑스어에서는 recevoir를 쓰지 않고 avoir를 써야 함에 주의해야 한다.

(정신적으로) 고통을 받다[당하다]; 힘들다, 괴롭다 avoir de la peine
(정신적으로) 고통을 주다; 힘들게 하다, 괴롭히다 faire de la peine à *qqn*

나는 폴에게서 고통을 받았다.

J'ai eu de la peine à cause de Paul.

폴은 내게 고통을 주었다.

Paul m'a (fait / donné) de la peine.

요즘 굉장히 힘들어.

J'ai beaucoup de peine ces temps-ci.

너 왜 자꾸 나를 힘들게 하는 거니?

Pourquoi tu ne cesses pas de me faire de la peine ?

정말 마음 아파서 못 보겠어. → 그것은 보는 데 괴로움을 준다

Cela fait peine à voir.

à 부정법이 오면 '...하는 것이 어렵다'는 뜻이 되니 주의해야 하겠다. 즉, 이 때는 'avoir du mal à + 부정법'(...하는 것이 어렵다)과 같아진다.

힘들다, 어렵다 avoir (de la) peine à Vinf, avoir de la difficulté à Vinf

이를 빼서 말하기 힘들어.
Je me suis fait arracher une dent, j'ai de la peine à parler.

그 말은 하기가 좀 곤란한데. → 그것에 대해 말하기에 어려움이 있다
J'ai de la peine à en parler.

월급이 올랐다는 말은 믿기가 어려운데.
J'ai peine à croire qu'ils ont augmenté le salaire.

그건 정말 믿기 힘드네요.
On a vraiment peine à le croire.

B2. avoir-donner 유형

☞ ...이 있다 → avoir
☞ ...게 하다, ...을 주다 → donner du + 명사

여기서는 사역형으로는 faire가 아닌 donner를 쓰는 명사들을 살펴보자.

슬프다 avoir du chagrin
슬픔을 주다, 슬프게 하다 donner du chagrin à *qqn*
우리를 슬프게 하는 것들
les choses qui nous donnent du chagrin

골치아프다 avoir du souci, avoir mal à la tête
골치아프게 하다 donner du souci, donner mal à la tête
나 좀 골치아픈 일이 있어.
J'ai du souci.

그게 걱정이야.
Ça me donne du souci.

단순히 '골치거리'가 아니라 보다 구체적인 '골치아픈 일'의 의미로는 셀 수 있는 명사가 된다.

골치 아픈 일이 하나 있어.
J'ai un souci.

골치 아픈 일이 많아.
J'ai beaucoup de soucis.

물론 강조를 하려면, 일반적으로 프랑스어에서 추상명사를 강조하기 위해 쓰는 un certain을 쓰면 된다.

참 골치 아픈 일이 있어.
J'ai un certain souci.

사역적 의미를 나타내려면 donner를 쓴다.

나 그 사람 때문에 골치가 좀 아파요.
Il me donne du souci.
Il me donne mal à la tête.

그 사람 날 많이 골치아프게 해요.
Il me donne beaucoup de soucis.

힘들다, 불편하다, 거북하다 avoir de la gêne

힘들게 하다, 불편하게 하다, 거북하게 하다 donner de la gêne à *qqn* (=gêner *qqn*)

숨쉬는 게 힘들어요.

J'ai de la gêne à respirer.

허리띠를 너무 조여 숨쉬기가 힘들다.

Ma ceinture est trop serrée et elle me gêne pour respirer.

환상을 갖다 avoir des illusions
환상을 주다, 갖게 하다 donner des illusions à *qqn*
- illusions은 부정관사와 어울릴 때만은 항상 복수 des와 결합한다.

불안하다 avoir de l'inquiétude
불안하게 하다 donner de l'inquiétude à *qqn*

그 녀석이 시험에 합격할지 불안해.

J'ai des inquiétudes au sujet de sa réussite à l'examen.

고민이 있다 avoir de l'angoisse
고민하게 하다 donner de l'angoisse

우리 아들이 고민이 있어요.

Mon fils a de l'angoisse.

우리 아들이 나쁜 친구들 때문에 고민이예요.

Ses mauvais amis donnent de l'angoisse à mon fils.

만족하다 avoir satisfaction
만족하게 하다 donner satisfaction

충분히 만족시켜 주다

donner pleinement satisfaction

만족감을 가지다, 만족하다 avoir du contentement, avoir une certaine satisfaction
만족감을 주다, 만족하게 하다 donner du contentement à *qqn*, donner une certaine satisfaction à *qqn*

희망을 가지다 avoir de l'espoir
희망을 주다 donner de l'espoir

용기가 있다 avoir du courage
용기를 주다 donner du courage à *qqn*
나 용기 있어요.
J'ai du courage.

그 분은 제게 용기를 주셨어요.
Il m'a donné du courage.

...라는 인상을 갖다 avoir l'impression de Vinf
...라는 인상을 주다 donner à *qqn* l'impression de Vinf

짜증나다 avoir de l'agacement
짜증나게 하다 donner de l'agacement à *qqn*
짜증나는 일이 좀 있어요.
J'ai un certain agacement.

그 문제 때문에 짜증이 나요.
Ce problème me donne un certain agacement.

한국어에서 '스트레스'(stress)는 '갖다'가 아니라 '받다'와 어울린다. 그러나 프랑스어에서는 recevoir를 쓰지 않고 avoir를 쓴다.

스트레스를 받다 avoir du stress
스트레스를 주다 donner du stress à *qqn*
폴은 내게 스트레스를 주었다.

Paul m'a donné du stress.

나는 폴에게서 스트레스를 받았다.

J'ai eu du stress à cause de Paul.

J'ai été stressé par Paul.

너는 네 여자 친구에게 스트레스를 주고 있어.

Tu donnes un certain stress à ta petite amie !

...고 싶다 avoir envie de 부정법
...고 싶게 하다 donner envie de 부정법 à *qqn*
차 한 대 사고 싶어.

J'ai envie d'acheter une voiture.

광고를 보니까 차를 사고 싶어지는군 → 광고가 이 차에 대한 욕구를 준다

La publicité m'a donné envie d'acheter une voiture.

언뜻 보기에 faire envie à *qqn* 역시 사역 기능동사 구문인 것 같지만 그렇지 않다. 주어와 보어의 위치가 바뀌는 단순한 전환관계이다.

이 차 갖고 싶은데.

J'ai envie de cette voiture.

이 차는 구미가 당기는데. → 이 차가 나의 욕구를 자극하네.

Cette voiture me fait envie.

☞ 권리도 avoir-donner

'권리'를 나타내는 술어명사들도 감정 명사들처럼 avoir-donner와 어울린다. 즉 한국어에서 권리를 가지고, 권리를 준다고 표현하는데, 프랑스어에서도 그렇게 표현하는 것이다.

결정권을 가지다 avoir le pouvoir de décision
결정권을 주다 donner le pouvoir de décision à *qqn*

우선권을 가지다 avoir priorité sur *qqch*
우선권을 주다 donner le droit de priorité à *qqn*

자치권을 가지다 avoir son autonomie
자치권을 주다 accorder [donner] son autonomie à *qqn*

특권을 가지다 avoir droit à (un privilège / une faveur / un avantage)
특권을 주다 donner droit à (un privilège / une faveur / un avantage) à *qqn*

C. 수동의 표현

▶ 감정을
  ☞ ...을 갖다 → avoir + 명사
  ☞ ...의 대상이다 → avoir + 명사

능동구문과 수동구문이 하나의 동사로 표현되는 관계로서, 매우 특이한 관계이고, 일부 감정 명사의 경우에만 성립한다. 우리말의 경우, 예를 들어 '존경심을 갖다'[능동구문]와 '존경의 대상이다'[수동구문]로 표현되는 경우인데, 이때 프랑스어에서는 둘 모두 avoir로 표현된다.

존경심을 갖다 avoir de l'estime pour *qqn*

존경의 대상이다/존경을 받다 avoir l'estime de *qqn*

우리 딸애는 프랑스어 선생님을 존경해요. [능동구문]

Ma fille a de l'estime pour son professeur de français.

프랑스어 선생님은 우리 딸애의 존경의 대상이에요. [수동구문]

Le professeur de français a l'estime de ma fille.

우리말은 '존경을 받는다'가 가능한데, 프랑스어에서는 recevoir를 쓸 수 없고 avoir를 쓰니, 주의를 기울여야 한다.

프랑스어 선생님은 우리 딸애의 존경의 대상이에요. [수동구문]

(×) Le professeur de français reçoit l'estime de ma fille.

프랑스어의 수동구문(avoir 구문)은 '...의 존경을 받는다'는 뜻이다. 따라서 항상 『de + 명사』의 한정을 받는 관계로 항상 정관사 le/la를 쓴다. 즉 여기서는 de ma fille로 한정을 받기 때문에 estime 앞에 정관사가 쓰인 것이다. 또 de 뒤에 대명사가 오면 다음과 같이 소유형용사로 바뀐다.

선생님은 저의 존경의 대상이세요.

Vous avez toute mon estime.

이 프랑스어 문장은 선생님은 저의 존경심을 갖고 있다, 즉 저의 존경을 받고 있다는 뜻이다.

한 가지 예를 더 들어 보자.

연모의 마음을 가지다 avoir de l'affection pour + 명사

연모의 대상이다 avoir l'affection de + 명사

폴은 마리에게 애정이 있어.

Paul a de l'affection pour Marie.

마리는 폴의 (연모의 대상이야/사랑을 받고 있어).

Marie a l'affection de Paul.

그 남자는 그 여자한테 애정이 있어.

Il a de l'affection pour elle.

그 여자는 그 남자의 (연모의 대상이야/사랑을 받고 있어).

Elle a son affection.

이러한 식으로 사용되는 명사를 몇 개만 공부해 보자.

존경심을 갖다 avoir (du respect / de la déférence) pour *qqn*
존경의 대상이다 avoir (le respect / la déférence) de *qqn*

신뢰를 갖다 avoir confiance en + 명사
신뢰의 대상이다/신뢰를 받다 avoir la confiance de + 명사

널 믿는다.

J'ai confiance en toi.[능동구문]

Tu as ma confiance.[수동구문]

선생님만 믿겠습니다.

J'ai (une) totale confiance en vous.

- 상태가 아니라 행위의 의미를 강조하고자 할 때는 faire를 쓴다.

    믿어 주세요.

    Faites-moi confiance.

    너 나 아직 믿고 있지?

    Me fais-tu encore confiance ?

경탄하다 avoir de l'admiration pour + 명사
경탄의 대상이다 avoir l'admiration de + 명사
그 친구의 행동은 우리의 경탄의 대상이야.
Sa conduite a notre admiration.

경멸심을 갖다/경멸하다 avoir du mépris pour + 명사
경멸의 대상이다 avoir le mépris de + 명사
우리 아버지는 그런 행동은 경멸하셔.
Mon père a du mépris pour cette conduite.

그런 행동은 나의 경멸의 대상이지.
Cette conduite a mon mépris.

우려하다 avoir de la crainte au sujet de + 명사
우려의 대상이다 avoir la crainte de + 명사
그런 가능성이 우려가 돼.
J'ai des craintes au sujet de cette éventualité.

그런 가능성이 내가 크게 우려하는 바야.
Cette éventualité a toutes mes craintes.

감사의 마음을 가지다 avoir de la gratitude à l'égard de + 명사
감사의 대상이다 avoir la gratitude de + 명사
우리 선생님께는 정말로 감사함을 느끼고 있어.
J'ai une grande gratitude à l'égard de mon professeur.

우리 선생님은 정말로 고마운 분이야.
Mon professeur a toute ma gratitude.

거부감을 갖다 avoir du dégoût pour + 명사
거부의 대상이다 avoir le dégoût de + 명사

정직한 사람들은 그러한 방식에 거부감을 갖는다.

Les gens honnêtes ont du dégoût pour ce procédé.

그러한 방식은 정직한 사람들은 거부하는 것이다.

Ce procédé a le dégoût des gens honnêtes.

4.2. être en 계열

이제 감정의 술어명사가 기능동사로 avoir가 아닌 être en을 취하는 경우를 살펴보자.

화가 나 있다 être en colère

그는 격노해 있다.

Il est en rage.

그 여자 되게 화났어요.

Elle est dans une colère terrible.
- colère에 수식어 terrible이 붙어서 관사가 une가 쓰이게 되었고, en이 관사를 가지려면 dans이 되어야 한다.

분노해 있다 être en courroux

그들은 그 법에 분노해 있다.

Ils sont en courroux contre cette loi.

격노해 있다 être en (rage / furie / rogne)
경탄하다 être en admiration

그는 그 작가를 경탄해 마지 않아요.
Il est en admiration devant cet écrivain.

비탄에 빠져 있다 être en détresse
매우 의기소침해 있다 être en pleine déprime (=être déprimé(e))
그 친구 아주 의기소침해 있어요.
Il est en pleine déprime.

당혹[당황]스럽다 être dans l'embarras, être en plein désarroi
~하고 싶은 기분이다 être en humeur de Vinf, être d'humeur à Vinf
나 농담할 기분 아니야.
Je ne suis pas en humeur de plaisanter.
Je ne suis pas d'humeur à plaisanter.

몹시 흥분해 있다 être en pleine hystérie
도취해 있다 être en extase
그녀는 그 그림에 도취해 있다.
Elle est en extase devant ce tableau.

냉전 중이다 être en froid avec *qqn*
요즘 그녀는 남편과 냉전 중이다.
Ces jours-ci elle est en froid avec son mari.

'먹이'라는 뜻을 가지는 proie는 'être en proie à'라는 숙어를 형성하는데, '~에 사로잡히다'라는 뜻을 나타낸다. 특히 à 다음에 감정명사를 두어, 어떤 감정에 사로잡힌다는 뜻을 나타낸다.

공포감에 휩싸이다 être en proie à la peur

강박관념에 빠지다[사로잡히다] être en proie à une obsession, avoir des idées obsédantes.

감정은 파도처럼 몰려왔다가 사라진다. 하나의 주기를 가지는 것이다. 이러한 주기를 표현하는 방식, 즉 감정의 시작과 끝, 지속을 표현하는 방식에 대해 알아보자.

A. 시작과 끝, 지속의 표현

☞ ...가 나다 → (entrer/se mettre) en + 감정명사

우리말에서는 '기분을 내다', '화를 내다'에서처럼 감정을 나타내는 명사 다음에 '내다'를 쓰면, 감정을 표출하기 시작하는 측면을 표현하게 된다. 이럴 때 프랑스어에서는, 앞에서 언급했듯이, entrer나 se mettre를 쓴다. (cf. 3장 상태의 1.1. être 구문)

화를 내다 (entrer/se mettre) en colère
그 친구가 갑자기 화를 내는 거야.
Il[Elle] s'est mis(e) en colère brusquement.
Il[Elle] est brusquement entré(e) en colère.

성을 내다 (entrer/se mettre) en fureur
그 노인이 성을 내시더군.
Le vieil homme [La vieille dame] est entré(e) en fureur.

분통을 터뜨리다 (entrer/se mettre) en furie
핏대를 내다 (entrer/se mettre) en rage

☞ **아직도[여전히] ...이다 → rester**

être 구문으로 표현되는 감정명사의 경우 그 지속은 rester 혹은 demeurer로 표현된다.

그 친구 여전히 화가 나 있어 / 아직 화가 안 풀렸어.
Il[Elle] reste en colère.

☞ **종결의 표현 → ne plus être**

être 구문을 취하는 표현들의 경우 종결은 '이젠 더 이상 ~하지 않다'를 뜻하는 ne plus를 붙여서 표현한다.

그 친구 이젠 화가 풀렸어.
Il[Elle] n'est plus en colère.

그녀는 이젠 남편과 냉전 중이지 않다.
Elle n'est plus en froid avec son mari.

être 구문을 취하는 표현들도 종결을 perdre로 표현하기도 한다.

기분이 좋다 être de bonne humeur
기분을 잡치다 perdre (sa / toute) bonne humeur
나 오늘 기분 좋아.
Aujourd'hui je suis de bonne humeur.

나 기분 (잡쳤어/좋다가 말았어).
J'ai perdu ma bonne humeur.

B. 사역의 표현

☞ ...가 나다 → être en + 감정명사
☞ ...가 나게 하다 → mettre *qqn* en + 감정명사

『être en + 감정 명사』는 원칙적으로 『mettre en + 감정 명사』의 사역형을 가진다.

(1) être en (colère / rage / furie / rogne {fam}) : 화나다[격노하다]
그는 격노하고 있다.
Il est en rage.

(2) mettre *qqn* (colère / rage / furie / rogne {fam}) : 화나게[격노하게] 하다
그것이 나를 격노케 한다.
Cela me met en rage.

화가 나다 être en colère
화를 돋구다 mettre *qqn* en colère
내 자신에 화가 나더군.
J'étais en colère contre moi-même.

나 화 안 났어.
Je ne suis pas en colère.

나 화나게 하지 마./나 화 돋구지 마.
Ne me mets pas en colère.

너 그러면 그 사람이 화 낸다. → 네가 그 사람을 화를 돋군다
Tu vas le mettre en colère.(=Tu vas le vexer.)

핏대가 나다 être en rage
핏대를 돋구다 mettre *qqn* en rage

감정/근심, 불안[공포]에 떨다 être en émoi
감정/근심, 불안[공포]에 떨게 하다 mettre *qqn* en émoi

감정/성질이 나다 être en boule {*fam*}
감정/성질을 나게 하다 mettre *qqn* en boule {*fam*}, indisposer *qqn*.
너 자꾸 나 성질나게 할래?
Vas-tu continuer à me mettre en boule ?

기분이 나쁘다 être de mauvaise humeur
기분을 언짢게 하다 mettre *qqn* de mauvaise humeur
저는 기분이 나빠요.
Je suis de mauvaise humeur.

그 사람 대답을 듣고 나니 기분이 언짢더라구.
Sa réponse m'a mis(e) de mauvaise humeur.

노발대발하다 être dans une colère noire
노발대발하게 하다 mettre *qqn* dans une colère noire
그는 그 소식을 듣고 노발대발했다.
En entendant cette nouvelle, il s'est mis dans une colère noire.

화가 나 있다 être en rogne contre *qqn*
화를 돋구다 mettre *qqn* en rogne

사역형 mettre 구문의 예를 조금 더 살펴보자.

도시가 떠들썩해요./동요상태에요.
La ville est en émoi.

그 소식으로 도시가 떠들썩해요. → 그 소식은 도시를 떠들썩하게 했다
Cette nouvelle a mis la ville en émoi.

그 사람은 곤란한 상황이에요.
Il est en difficulté.

그것 때문에 그 사람이 곤란해졌어요. → 그것은 그를 곤란하게 했어요
Cela l'a mis en difficulté.

저는 편합니다.
Je suis à l'aise.

네 말 덕에 내가 편해졌어.
Tes paroles m'ont mis(e) à l'aise.

〈'화'의 표현들〉

colère는 우리말의 '화'에 해당하는 말.

fureur는 이보다 강한 말로 '성', '분노'

그 사람, 성이 나서 얼굴이 뻘개져 있더군.

Il était rouge de colère.

furie는 더욱 강한 말로 '분', '분통', '노발대발', '격노'

그 무엇도 그의 분을 삭이지 못했다.

Rien ne pouvait retenir sa furie.

rage는 furie와 같은 의미로 '핏대' 정도에 해당하며 다소 병적인 이미지를 풍기는 말.

emportement은 자제력을 잃을 정도의 분노로 '격앙' 정도에 해당.

그 사람은 이성을 잃을 정도로 격앙되어 있었어.

Il était livré à son emportement.

courroux는 문어로 '진노'의 뜻.

5 병, 증상, 상처

우리말에서는 병이나 증상 등에 대해 말할 때, 보통 '병에 걸리다', '병이 있다', '증상이 있다'라고 표현한다.
상처나 종기라면, '상처가 나다', '종기가 나다'라고 표현한다.
프랑스어에서도 몇 가지 표현이 쓰인다. avoir, souffrir de, attraper 등이 그러하다.
그러나 가장 기본적인 것은 avoir이다.

▶ 병, 증상, 상처, 종기와 어울리는 동사는 avoir

☞ -에 걸렸다, -이 있다, -이 났다, -을 앓고 있다 → avoir + 질병

신체적 질병을 표현할 때는 프랑스어로 avoir 다음에 질병명사를 쓰면 된다.
다만 문제는 관사이다.
어떤 병이나 증상에 부분관사를 쓰고, 정관사를 쓰고, 부분관사를 쓰느냐 하는 문제는 규칙으로 말할 수 없다. 왜냐하면 이 문제는 도저히 합리적으로는 설명할 수 없는, 매우 불규칙한 현상이기 때문이다.
우선 몇 가지 예를 보자.

가슴에 통증이 있어요.
J'ai une douleur (à / dans) la poitrine.

현기증이 나요. → 현기증(des vertiges)이 있어요.
J'ai des vertiges.

토할 것 같아요. → 구토증(des nausées)이 있어요.
J'ai des nausées.

오한이 나요. → 오한(des frissons)이 있어요.

J'ai des frissons.

열이 좀 나요.

J'ai de la fièvre.
- 열이 38도예요.

  J'ai 38 de fièvre.

10년 전에 심장마비가 온 적이 있었어요.

J'ai eu une crise cardiaque il y a dix ans.

생리통이 있어요.

J'ai des règles douloureuses.

▶ 주로 부정관사와

일단 부정관사를 쓰는 명사부터 학습해 보자. 왜냐하면 병이나 증상을 나타내는 명사의 절반 이상은 부정관사와 결합하기 때문이다.

병이 있다/병에 걸리다 avoir une maladie

나 병에 걸렸어.

J'ai une maladie.

병이 있다 avoir un bobo

- un bobo는, une maladie에 비해, 비교적 가벼운 병을 말한다.

나 병에 걸렸어.

J'ai un bobo.

Jean은 결핵을 앓고 있습니다.

Jean a la tuberculose.

그 친구 간염에 걸렸대요.

Il[Elle] a l'hépatite.

아기가 열이 심해.

Le bébé a une forte fièvre.

감기에 걸리다 avoir un rhume
소화불량이 있다 avoir une indigestion
독감에 걸리다 avoir (une / la) grippe
요즘 독감에 걸린 사람들이 많아요.

Il y a beaucoup de monde qui ont la grippe.

너 독감 걸렸구나!

Tu as la grippe !

암에 걸리다 avoir (un/le) cancer
아버지가 암에 걸리셨어요.

Mon père a le cancer.

편두통이 있다 avoir (une/la) migraine
편두통이 있어요.

J'ai la migraine.

기관지염이 있다 avoir (une / de la) bronchite
편도선염이 있다 avoir une angine

딸아이가 편도선염이 있어요.
Ma fille a une angine.

피부병이 있다 avoir une affection cutanée
위궤양이 있다 avoir un ulcère à l'estomac
설사병이 있다 avoir une diarrhée
우리 아기가 심한 설사병이 났어요.
- 추상명사에 형용사 수식어가 붙으면 부정관사를 씀.

Mon bébé a une forte diarrhée.

신경증이 있다 avoir une névrose
맹장염에 걸리다 avoir (une / l')appendicite
맹장염이시군요.
Vous avez l'appendicite.

한 단어로 된 병명을 잘 모르면, 『une maladie de + 명사』의 형식을 써 보자.

폐병이 있다 avoir une maladie (aux/des) poumons
피부병이 있다 avoir une maladie de la peau
심장병이 있다 avoir une maladie de coeur

통증의 경우에는 『un mal de + 명사』를 쓰면 된다.

두통이 있다 avoir un mal de tête = avoir mal à la tête
요통이 있다 avoir un mal de reins = avoir mal aux reins
치통이 있다 avoir un mal de dents = avoir mal aux dents
복통이 있다 avoir un mal de ventre = avoir mal au ventre

▶ 주로 부분관사와 어울리는 병들

다음과 같은 병이나 증상은 주로 부분관사와 어울린다.

열이 있다 avoir (de la / la) fièvre
아이가 열이 심하군요.
• 추상명사가 형용사 수식을 받으면 부정관사를 씀.

Cet enfant a une très forte fièvre.

관절염이 있다 avoir de l'arthrite
신경통이 있다 avoir (de la / une) névralgie
류마티즘이 있다 avoir (du / un) rhumatisme
(기관지) 천식이 있다 avoir de l'asthme (bronchique)
당뇨병에 걸리다 avoir du diabète (=être diabétique)
습진이 있다 avoir de l'eczéma
왼 쪽 팔에 습진이 있어요.

J'ai de l'eczéma sur le bras gauche.

▶ 어떤 병은 정관사만

정관사만을 쓰는 병명은 특히 신경을 써 두자.

나병에 걸리다 avoir la lèpre
결핵에 걸리다 avoir la tuberculose
제 친구가 결핵에 걸렸습니다.

Un ami à moi a la tuberculose.

에이즈에 걸리다 avoir le SIDA

그 사람은 에이즈 환자예요.
- '에이즈'는 프랑스어로 SIDA로, 후천성 면역 결핍증을 뜻하는 Syndrome Immuno-Déficitaire Acquis의 약자이다.

Il a le SIDA.

콜레라에 걸리다 avoir le choléra

간염에 걸리다 avoir l'hépatite

그 친구 급성[만성]간염에 걸렸대요.

Il[Elle] a l'hépatite aiguë[chronique].

코로나 바이러스에 걸리다 avoir le coronavirus

이곳에는 아무도 코로나 바이러스에 안 걸렸어요.

Ici, personne n'a le coronavirus.

파킨슨씨 병에 걸리다 avoir la maladie de Parkinson

그 여자는 파킨슨씨 병에 걸렸어요.

Elle a la maladie de Parkinson.

▶ **상처·종기가**

☞ **나다, 있다** → avoir + 부정관사

▶ **상처나 종기는 부정관사와**

'상처나 종기가 나다'는 부정관사를 쓰고, 그 상처나 종기가 난 신체 부위를 뒤에 지적할 수 있다.

상처가 났다 avoir une blessure

왼 쪽 눈에 상처가 났군.

Tu as une blessure à l'oeil gauche.

아이가 손에 상처가 났어요.

Cet enfant a une blessure à la main.
Cet enfant est blessé à la main.

상처가 났다 avoir une plaie
- plaie는, blessure에 비해, 결과의 관점에서 바라본 말로서 피부에 나타난 상처를 말함.

아이가 손에 상처가 났어요.

Cet enfant a une plaie à la main.

벤 상처가 있다 avoir une coupure
그 아이는 손에 벤 상처가 있더군요.

Ce garçon a une coupure à la main.

멍자국이 있다 avoir un bleu
팔에 왜 멍자국들이 있는 거냐?

Pourquoi as-tu des bleus au bras ?

종기가 났다 avoir un abcès
아이가 얼굴에 종기가 났어.

L'enfant a un abcès sur le visage.

종기가 났다, 종양이 있다 avoir une tumeur
무릎에 종기가 났구나!

Tu as une tumeur au genou !

그 분은 뇌종양에 걸리셨습니다.
Il a une tumeur cérébrale.

두드러기가 났다 avoir une urticaire
부스럼[여드름]이 났다 avoir un bouton
아들 녀석이 얼굴에 온통 부스럼이 났습니다.
Mon fils a des boutons sur toute la figure.

우리 집 딸애가 (여드름이/주근깨가) 났어요.
Ma fille a des (boutons/taches de rousseur).

- 우리 집 딸애가 (여드름이/주근깨가) 잔뜩 났어요.
  Ma fille est couverte de (boutons/taches de rousseur).

저는 요즘 얼굴에 부스럼이 잘 나요.
J'ai souvent des boutons sur le visage ces jours-ci.

뭐가 났다, 발진이 났다 avoir une éruption
목에 뭐가 났어요.
J'ai des éruptions dans le cou.

저는 요즘 몸에 뭐가 잘 나요.
J'ai souvent des éruptions (cutanées / de boutons) sur le corps ces jours-ci.

화상을 입었다 avoir une brûlure
그 환자는 피부에 화상을 입었어요.
Le malade a des brûlures sur la peau.

- 화상이 한 군데 났을 때는 단수로 한다.
  Le malade a une brûlure sur la peau.

부기가 있다, 부어 있다 avoir une enflure (=être enflé(e))

눈에 부기가 있어요.
J'ai une enflure à l'oeil.
Je suis enflé(e) à l'oeil.
J'ai l'oeil enflé.

귀 뒤쪽에 부기가 있으시군요.
Vous avez une enflure derrière l'oreille.

▶ 신체부위는 où로 물어봄

병, 증세나 상처, 종기가 난 신체 부위를 물어 볼 때는 우리말처럼 où(어디에)라고 하면 된다.

어디가 아프세요?
Où avez-vous mal ?

어디에 부스럼이 났나요?
Où avez-vous des boutons ?

등에 부스럼이 났어요.
J'ai des boutons dans le dos.

▶ 다른 표현은?

☞ 고생하다= souffrir de

병, 증상이나 상처, 종기 따위와 결합하는 avoir 대신에 쓸 수 있는 동사는 우선 souffrir de(고생하다)이다. 대부분의 경우 가능하다.

무릎의 상처로 고생하다 souffrir d'une blessure au genou
불면증에 시달리다 souffrir d'insomnie

요즘 불면증에 시달리고 있어요.

Je souffre d'insomnie ces jours-ci.

당뇨병로 고생하다 souffrir de diabète
다리병으로 고생하다 souffrir d'un bobo à la jambe
두통로 고생하다 souffrir d'un mal de tête

누나가 요즘 두통으로 고생하고 있어요.

- 두통이 지속적이면 복수로 써 보자.

Ma soeur souffre de maux de tête ces temps-ci.

아내가 지독한 두통로 고생하고 있어요.

Ma femme souffre de violents maux de tête

그 사람, 두통으로 고생하다가 의사에게 진찰받으러 갔어요.

Il est allé consulter un médecin, après avoir souffert de maux de tête.

souffrir de도 병, 증세나 상처, 종기가 난 신체 부위를 물어 볼 때는 다음과 같이 표현한다.

어디가 아프세요?

De quoi souffrez-vous ?
D'où souffrez-vous ?
Où avez-vous mal ?

☞ 걸리다 → attraper 병

병, 증상이나 상처, 종기 따위와 결합하는 avoir 대신에 쓸 수 있는 또 다른 동사로는 attraper(걸리다)를 들 수 있다.

    병에 걸리다 attraper une maladie
    류마티즘에 걸리다 attraper un rhumatisme

☞ 감염되다 → contracter 병

병원균에 의해 감염되는 경우 프랑스어에서는 contracter를 쓴다.

    에이즈에 감염되다 contracter le sida
    코로나바이러스에 감염되다 contracter le coronavirus
    흔한 증상이 하나 이상 있다면, 신종 코로나 바이러스에 아마 감염되셨을 것입니다.
    Si vous présentez un ou plusieurs des symptômes fréquents, vous avez peut-être contracté le nouveau coronavirus.

    습진에 감염되다 contracter l'eczéma
    그녀는 습진에 감염되었다.
    Elle a contracté l'eczéma.

    콜레라에 감염되다 contracter le choléra
    많은 사람이 콜레라에 감염되었다
    Beaucoup de gens ont contracté le choléra.

▶ 원인은 사역 표현으로

☞ **(병에) 걸리게 하다 → donner**

병의 원인을 표현할 때는 『... 때문에』에 해당하는 à cause de를 쓸 수도 있다.

> 피곤해서 딸아이가 편도선염에 걸렸어요.
> Ma fille a une angine à cause de la fatigue.

그러나 이런 표현은 우리가 잘 쓸 수 있으므로 프랑스어 특유의 표현인 사역 구문을 써 보자. 그것은 donner를 이용하는 방법이다.
이 경우 provoquer나 다소 문어적인 표현인 causer 혹은 occasionner를 쓸 수도 있다.

> **편도선염에 걸리게 하다 (donner / provoquer) une angine**
> 피곤해서 딸아이가 편도선염에 걸렸어요.
> La fatigue a donné une angine à ma fille.
>
> **피부병에 걸리게 하다 (donner / provoquer) une affection cutanée**
> **위궤양에 걸리게 하다 (donner / provoquer) un ulcère à l'estomac**
> 잘못된 식사습관 때문에 위궤양에 걸리신 겁니다.
> Vos mauvaises habitudes alimentaires vous ont donné un ulcère à l'estomac.
>
> **기관지염에 걸리게 하다 (donner / provoquer) une bronchite**
> **설사병에 걸리게 하다 (donner / provoquer) une diarrhée**

아이스 크림 때문에 우리 아기가 심한 설사병이 났어요.
- 추상명사에 형용사 수식어가 붙으면 부정관사를 씀.

La glace a donné une forte diarrhée à mon bébé.

소화불량에 걸리게 하다 (donner / provoquer) une indigestion
신경증에 걸리게 하다 (donner / provoquer) une névrose
편두통에 걸리게 하다 (donner / provoquer) une migraine

이런 상황 때문에 그 친구가 편두통에 걸렸어요.
- 편두통이 지속적이라면 복수로 해 보자.

Cette situation lui a donné des migraines.

이 문제 때문에 골치가 지끈거려요.

Ce problème me donne une migraine.

불면증에 걸리게 하다 (donner / provoquer) une insomnie

돈 걱정 때문에 늘 불면증에 시달리고 있어요.
- 불면증이 지속적이면 복수로 해 보자.

Les soucis d'argent lui donnent bien des insomnies.

☞ **(상처를) 내다 → faire**

병이 나게 하는 것은 donner이지만 상처 따위가 나게 하는 것은 faire이다.

상처를 내다 faire une blessure à *qqn*

너 때문에 내 손등에 상처가 났잖아.

Tu m'a fait une blessure à la main.
- '상처가 나다'를 se besser로 표현할 수도 있다.
  칼로 베다가 손에 상처가 났어.
  Je me suis blessé(e) à la main avec ce couteau.

상처를 내다 faire une plaie à *qqn*
멍이 나게 하다 faire un bleu à *qqn*

▶ 치료

☞ **(병이) 낫다** → guérir

병을 고치는 것을 표현할 때는 '낫다'에 해당하는 guérir를 쓴다.

삼촌이 암이 나았습다.
Mon oncle a guéri de son cancer.

'... 덕분에 (낫다)'라고 할 때는 (guérir) grâce à를 쓴다.

이 치료법 덕에 삼촌이 암을 고쳤습니다.
Mon oncle a guéri de son cancer grâce à ce traitement.

'...병이 낫다'에서 병 이름 명사 앞의 관사는 정관사 le/la나 소유 형용사 son/sa를 써야 한다. 왜일까? 처음 병에 걸릴 때는 정해진 병이 아니지만 일단 걸린 병은 정해진 (자기가 걸린 son/sa) 병이기 때문이다. 그런데 실제로는 둘 중에서 소유 형용사가 더 자주 쓰인다. 그래서 위의 문장에서 son cancer가 된 것이다.

감기 나으셨는지요?
Vous avez guéri de votre rhume ?

guérir 대신에 récupérer 혹은 se remettre, se rétablir, se débarrasser 등을 쓸 수 있다.

Il a (guéri / récupéré) de son cancer.
Il (s'est remis / s'est rétabli / s'est débarrassé) de son cancer.

☞ **(병을) 낫게 하다, 고치다 → guérir**

guérir는 '(병이) 낫다'라는 자동사로도 쓰일 뿐만 아니라, '(병을) 낫게 하다, 고치다'라는 사역 동사로도 쓰인다. 따라서 별도의 사역형을 찾을 필요가 없이 다음과 같이 쓰면 된다.

이 치료법으로 삼촌이 암을 고쳤습니다.
Ce traitement a guéri mon oncle de son cancer.

6. 상황, 관계

사람이 처한 상황, 관계 등을 나타낼 때에도 être en 구문을 많이 쓴다. 대표적인 표현들을 살펴보자.

▶ 상황

늦다, 지각하다 être en retard
나는 수업에 늦었다.
Je suis en retard pour mon cours.

약속 시간에 10 분 늦었다.
Je suis en retard de quelques minutes à mon rendez-vous.

첫날부터 지각을 했다
Je suis en retard dès le premier jour.

소유하고 있다 être en possession de *qqch*
그는 장물을 소유하고 있다.
Il est en possession de biens dérobés.

시대에 앞서다[뒤지다] être en avance [retard] sur son temps
어려움에 빠져 있다 être en difficulté
그 기업은 경제적 난관에 봉착해 있다.
Cette entreprise est en grande difficulté économique.

안전하다 être en sûreté [sécurité]
법에 저촉되다 être en contravention, être en infraction avec la loi
책임지다, 맡다 être en charge de *qqch*

스포트라이트를 받다 être en vedette dans *qqch*, être sous le feu des projecteurs

그는 언론의 스포트라이트를 받고 있다

Il est sous le feu des projecteurs.

난리이다 être en agitation

온 나라가 난리다.

Tout le pays est en agitation / C'est une époque troublée.

평화롭다, 안심하다 être en paix (=être tranquille)

자유롭다, 석방되어 있다 être en liberté

방면하다, 석방하다 mettre *qqn* en liberté (=libérer)

그는 석방되었다.

Il est en liberté.

만일 피해자가 가해자를 용서하면 이를 법정에서 말할 수 있고 법정은 형을 선고하거나 석방할 수 있다.

Si la victime a pardonné à l'agresseur, elle peut le dire au tribunal, qui décidera de le condamner ou de le mettre en liberté.

그는 감옥에서 가석방으로 나와 있다

Il est en liberté provisoire.

풍상에 시달리다[찌들다] être en grande difficulté

~할 힘이 있다, ~할 수 있다 être en mesure de Vinf
나는 그 일을 할 수가 없어요.
Je ne suis pas en mesure de faire ce travail.

▶ 관계

대립하고 있다 être en opposition, être en confrontation
양측 의견이 대립하고 있다.
Les opinions des deux parties sont en opposition.

대조를 이루다 être en contraste avec *qqch/qqn*
축복을[존경과 사랑을] 받고 있다 être en bénédiction
불화[알력]가 있다 être en brouille avec *qqn* (속어)
형제들 간에 불화가 있어서 우리 그룹이 분리될 위험이 있다.
Notre groupe risque de se diviser, parce que les deux frères sont en brouille.

갈등이 있다 être en conflit avec *qqn*
냉전 중이다, 틀어져 있다 être en froid avec *qqn*, être en désaccord avec *qqn*

사이가 좋다[나쁘다] être en bons [mauvais] termes avec *qqn*

정기적으로 소식을 주고 받다 être en correspondance régulière avec *qqn*
편지 왕래를 하는 사이다 être en relations épistolaires avec *qqn*

경쟁하고 있다 être en compétition
그들은 우승컵을 차지하기 위해 서로 경쟁하고 있다.
Ils sont en compétition pour remporter la coupe.

연락하고 있다. 연락을 유지하고 있다 être en communication avec *qqn*, entretenir une correspondance avec *qqn*.
교분이 깊다, 매우 친한 사이다 être en contact étroit avec *qqn*
단절되어 있다, 사이가 벌어지다 être en rupture avec *qqn*
그녀는 가족과 사이가 벌어졌다.
Elle est en rupture avec sa famille.

그는 사회와 단절되어 있다.
Il est en rupture avec la société.

▶ 사역은 mettre로

모든 être 구문이 그러하듯 사역형은 당연히 mettre를 써서 만듭니다.

난처한 처지에 있다 être dans l'embarras
난처한 처지에 몰아넣다 mettre *qqn* dans l'embarras
난처한 처지에서 구해주다 tirer *qqn* d'embarras
난처한 처지에서 벗어나다 (se tirer/sortir) d'embarras

~와 관계가 있다, 교류하다 être en relation(s) avec *qqn*
~을 ~에게 소개하다 mettre *qqn* en relation(s) avec *qqn*

7. 추상적 대상의 획득 prendre

이 절에서는 매우 자주 쓰이는 대표적인 기능동사 중 하나인 prendre 의 용법에 대해 공부해 보기로 한다.

prendre는 대체적으로 볼 때 추상적 대상을 얻는다는 뜻을 핵심적 의미로 갖고 있다. 이는 prendre의 본래 의미, 즉 구체적인 대상을 손에 넣거나 쥐는 행위에서 비유적으로 전이된 뜻이다.

7.1. (권리, 권력을) 잡다, 얻다

먼저 prendre는 권리나 권력을 잡거나 얻는다는 뜻과 능력을 얻는다는 뜻을 가지는데, 이는 권력 따위를 손에 넣거나 쥔다는, 혹은 장악한다는 뜻이 한국어에서도 동일한 것을 뜻하므로 쉽게 이해가 된다.

권력을 쥐다 prendre le pouvoir
보나파르트 장군은 쿠데타를 통해 권력을 잡았다.

Le général Bonaparte a pris le pouvoir à travers un coup d'État.

권력을 장악하다, 통솔권을 쥐다, 취임을 하다 prendre la direction
그는 곧 그룹 내 새 부서의 권력을 쥘 것이다.

Il va bientôt prendre la direction d'un nouveau service au sein du groupe.

주도권을 잡다[쥐다]; 앞장서다[솔선하다] prendre une initiative, prendre l'initiative de Vinf
성공하려면 주도권을 쥘 줄 알아야 한다.

Il faut savoir prendre des initiatives pour réussir.

대표가 결정이 늦는 사람이어서 우리가 이 프로젝트 출범에 앞장을 설 겁니다.
Comme le responsable tarde à prendre une décision, nous allons prendre l'initiative de lancer ce projet.

발언권을 얻다[가지다] prendre la parole
제가 교육 체계 개혁에 관해 발언을 하고자 합니다.
J'aimerais prendre la parole sur la réforme du système éducatif.

관리[감독, 통제]를 하다 prendre le contrôle
정부는 경제적 어려움에 처해 있는 그 기업을 관리할 것을 생각하고 있다.
Le gouvernement envisage de prendre le contrôle de cette entreprise qui est en grande difficulté économique.

장악을 하다, 직접관리를 하다 prendre les rênes
부소장이 우리 부서를 장악을 했다.
Le directeur adjoint a pris les rênes de notre département.

그녀는 프로젝트를 직접 관리하기로 결심했다.
Elle a décidé de prendre les rênes du projet.

7.2. (일, 책임을) 떠안다

권한이나 권력을 목적어로 취할 때 장악한다는 뜻을 가지는 prendre는 책임이나 주어진 일 등에 대해서는 이를 떠안는다는 뜻을 나타낸다.

책임을 지다 prendre la responsabilité de *qqch*
자기의 과오에 대한 책임을 지다
Il faut prendre la responsabilité de ses fautes.

담당을 하다, 책임을 지다 prendre en charge *qqch/qqn*

금주 새 연수생들을 담당해 주시겠어요?

Pourriez-vous prendre en charge les nouveaux stagiaires cette semaine, s'il vous plaît ?

떠맡다, 담당을 하다 prendre *qqch* en main

오늘부터 그녀는 자신의 미래를 스스로 떠안기로 했다.

À partir d'aujourd'hui, cette étudiante a décidé de prendre en main son avenir.

위험을 떠안다[감수하다] prendre des risques

인생에서 성공하기 위해서는 때로 위험을 감수해야 할 필요가 있다.

Pour réussir dans la vie, il est parfois nécessaire de prendre des risques.

조처를 취하다 prendre une mesure

파리생제르맹은 클럽 내의 코로나 바이러스의 확산을 피하기 위한 조처를 취했다.

Le Paris Saint-Germain a pris des mesures pour éviter la propagation du coronavirus au sein du club.

결정을 내리다 prendre une décision

그는 고심 끝에 결정을 내렸다.

Il a pris une décision après mûre réflexion.

결정을 내리기 전에 항상 토론해야 한다.

Il faudrait discuter toujours avant de prendre des décisions.

7.3 습관, 형태의 갖춤

시작의 국면을 나타낼 때 prendre를 쓰는 경우가 많다. 예컨대 습관이나 취미 따위를 '들이다, 붙이다'라고 하고 약속은 '잡는다'고 하는데 이럴 때 prendre를 쓴다. 형태를 '갖춘다'고 하고 뿌리는 '내린다고' 하는데 이런 경우도 마찬가지이다.

▶ (습관, 취미를) 들이다, 붙이다

'버릇, 습관'의 경우 시작의 국면부터 종결의 국면까지 다음과 같이 다양하게 표현할 수 있다.

- prendre l'habitude de Vinf : 어떤 버릇을 들이다
- garder l'habitude : 버릇을 버리지 않다[안 고치다]
- avoir l'habitude de Vinf : 버릇이 있다
- (abandonner / renoncer à / perdre) l'habitude de Vinf : 버릇을 버리다
- corriger la mauvaise habitude de Vinf : 버릇을 고치다

그는 일찍 일어나는 습관이 있다.
Il a l'habitude de se lever tôt.

그는 나쁜 버릇이 들었다.
Il a pris une mauvaise habitude.

그는 흡연 습관을 버렸다.
Il a abandonné son habitude de fumer.

나는 시끄러운 데에서 공부하는 버릇을 버렸다.
Jai perdu l'habitude de travailler dans le bruit.

우리 아들은 화장실에서 담배를 피는 나쁜 버릇을 고쳤다.
Mon fils a corrigé sa mauvaise habitude de fumer dans la salle de bain.

그녀는 밤에 식사하는 나쁜 버릇을 (아직도 갖고 있다 / 버리지 않았다).
Elle a gardé la mauvaise habitude de manger la nuit.

취미를[맛을] 붙이다[들이다] prendre goût
하도 공동 프로젝트를 많이 하다 보니 나는 동료들과 작업하는 데 재미를 붙였다.
À force d'établir des projets en commun, j'ai pris goût à travailler avec mes collègues.

약속을 잡다 prendre rendez-vous
오늘 오후 약속을 잡기 위해 피부과 의사에게 전화하는 것을 잊었다.
J'ai oublié d'appeler la dermatologue pour prendre rendez-vous cet après-midi.

일정을 잡다 prendre un emploi du temps
모든 사람을 위한 일정을 잡는 것은 쉽지 않다.
Il n'est pas facile de prendre un emploi du temps pour tout le monde.

효력을 발생하다 prendre effet
정부의 새 시행령이 오늘 저녁부터 효력을 발생한다.
Le nouveau décret du gouvernement prend effet dès ce soir.

탄생을 하다 prendre naissance
최근 생태학 국제회의에 따라 우리의 해상 풍력발전기 계획이 탄생을 했다.
Notre projet d'éolien en mer a pris naissance à la suite de la dernière conférence internationale sur l'écologie.

출발을 하다 prendre le départ
마라톤선수들은 곧 출발을 해야 할 것이다.
Les marathoniens vont devoir bientôt prendre le départ.

▶ **(형태를) 갖추다, 취하다**

형태를 갖추다, 형성이 되다, 뚜렷해지다, 구체화되다 prendre forme
새로운 연금 개혁이 형태를 갖춥니다만 아직 갈 길이 남아있습니다.
La nouvelle réforme des retraites prend forme, mais il reste encore du chemin à faire.

지하철 새 노선 건설 프로젝트가 구체화되기 시작한다.
Le projet sur la construction d'une nouvelle ligne de métro commence à prendre forme.

형태를 갖추다, 실현되다, 뚜렷해지다, 구체화가 되다 prendre corps
네 조각이 형태를 갖추기 시작하는구나. 그렇게 계속해!
Ta sculpture commence à prendre corps. Continue ainsi !

발을 붙이다, 기반을 다지다 prendre pied
지역 주민의 언어를 할 줄 모르면 새로운 나라에서 발을 붙이기가 어렵다.
Il est difficile de prendre pied dans un nouveau pays quand on ne parle pas la langue de ses habitants.

뿌리를 내리다 prendre racine

우리 가족은 남한에서 2대째 뿌리를 내렸다.

Ma famille a pris racine en Corée du Sud depuis deux générations.

진을 치다, 입장을 취하다 prendre position

군은 전선을 따라 진을 칠 것이고 공격하기 전에 신호를 기다려야 할 것이다.

L'armée prendra position tout le long de la frontière et devra attendre le signal avant d'attaquer.

윤리위원회가 이 의사의 사건에 대한 입장을 취하기 위해 추후에 모여야 한다.

Un comité d'éthique doit se réunir prochainement pour prendre position sur le cas de ce médecin.

4장
현상, 사건, 행사

1. 기상 현상

☞ 오다, 불다 ... → il fait (du/de la) + 기상
　　　　　　　　il y a (du/de la) + 기상

▶ Il y a + (du/de la) 기상명사

기상 현상의 표현은 우리말의 경우, 명사에 따라 매우 다양하다.

　　비가 (온다/내린다), 눈이 (오다/내린다)
　　바람이 분다
　　해가 난다, 햇볕이 내리쬔다
　　폭우가 쏟아진다
　　(폭풍우가/광풍이) 몰아친다
　　우박이 내린다
　　구름이 끼었다, 안개가 끼었다

그러나 프랑스어에서는 모든 기상 현상에 공통적으로 쓸 수 있는 표현이 있는데 이것이 기본적으로 쓰인다.

　　il y a (du/de la) + 기상명사

이들 패턴을 다음과 같은 기상 명사에 적용해 보자.

　　햇볕 du soleil, 비 de la pluie, 눈 de la neige, 우박 de la grêle,
　　구름 du nuage, 안개 du brouillard, 옅은 안개 de la brume,
　　바람 du vent, 폭풍우 de l'orage, une tempête,
　　광풍 une rafale de vent, 태풍 un typhon

pluie, neige, grêle 등에는 'il y a' 외에 tomber를 쓸 수도 있다.

비가 (와요/내려요).
Il y a de la pluie. / Il pleut.
Il tombe de la pluie.

눈이 (옵니다/내립니다).
Il y a de la neige. / Il neige.
Il tombe de la neige.

우박이 와요.
Il y a de la grêle. / Il tombe de la grêle.

구름이 끼었습니다.
Il y a des nuages. (= Il fait nuageux).

번개가 칩니다.
Il y a des éclairs.

천둥이 칩니다.
Il y a du tonnere.

▶ Il fait + (du/de la) 기상명사

또 'il y a' 외에 다음과 같이 faire 구문을 쓰는 명사들도 있다.

il fait (du/de la) + 기상명사
밖에 해가 났네 / 밖은 햇볕이 내리쬐는군.
Il y a (du) soleil dehors. / Il fait du soleil dehors.

밖에 해가 났으니 계속 TV 앞에 있는 것보다 정원으로 좀 나가는 게 좋을 거야.
Il fait soleil dehors, tu ferais mieux de sortir un peu dans le jardin plutôt que de rester devant la télévision !

바람이 부는군!
Il y a du vent ! / Il fait du vent !

폭풍우가 몰아칠 것입니다.
Il va y avoir de l'orage. / Il va faire de l'orage.
L'orage (menace / approche).

오늘 아침에 안개가 끼었어요.
Il y a du brouillard ce matin. / Il fait du brouillard ce matin.

강조할 때는 beaucoup de, un de ces 따위를 쓴다.

안개가 많이 끼었어, 차 가지고 갈 거면 조심해라.
Il fait beaucoup de brouillard, fais attention si tu prends la voiture.

밖에 바람이 많이 분다.
Il fait beaucoup de vent dehors.

바람이 엄청 불어!
Il fait un de ces vents !

안개가 엄청 짙게 깔렸어!
Il fait un de ces brouillards !

다음과 같이 숙어적 표현들도 알아두자.

한 치 앞을 내다볼 수 없는 안개가 끼었어요.
Il fait un brouillard à couper au couteau.

엄청 춥네요.
Il fait un froid de canard.

찜통[삼복]더위야.
Il fait un temps de chien.
Il fait un temps à ne pas (laisser / mettre) un chien dehors.
Il fait une chaleur à crever.

▶ Il fait + 형용사 구문

Il fait 뒤에 형용사가 오는 구문도 가능하다.

날씨가 좋다.
Il fait (beau / bon).

날씨가 나쁘다.
il fait mauvais.

날씨가 맑다.
Il fait clair.

오늘은 날씨가 (아주) 추워요.
Il fait (très) froid aujourd'hui.

옷 잘 입어, 엄청 추우니까.
Habille-toi bien, car il fait très froid !

오늘은 날씨가 (아주) 더워요.
Il fait (très) chaud aujourd'hui.

내일은 더 더울 거야.
Il va faire encore plus chaud demain.

이곳은 날씨가 선선해요.
Il fait frais ici.

안개가 끼었다.
Il fait brumeux.

구름이 끼었다.[날이 흐렸다]
Il fait nuageux.
Il fait gris.
Le temps est gris.

밖에 날이 흐리네, 비가 올 모양이야.
Il fait gris dehors, il va peut-être pleuvoir.

갑자기 날이 어둡네. 폭풍우가 올 모양이야.
Il fait sombre, tout d'un coup. Il va y avoir de l'orage.

날이 많이 습하다. (공기중에 습기가 많다)
Il fait très humide. (Il y a beaucoup d'humidité dans l'air)

비는 안 오지만 습하네.
Il ne pleut pas mais il fait humide.

날이 건조하다.
Il fait sec.

날이 춥지만 건조해, 그래서 불쾌하지는 않아.
Il fait froid mais sec, ce n'est pas désagréable.

올해는 정말 날이 건조하구나! 비가 거의 안 왔어.
Qu'est-ce qu'il fait sec, cette année ! On n'a presque pas eu de pluie.

날이 따뜻하다.
Il fait doux.

형용사는 아니지만 관사 없는 명사만을 써서 밝기를 나타내기도 한다.

날이 밝다.
Il fait jour.

날이 어둡다.
Il fait nuit.

때에 따라서는, 우리말처럼, 주어를 le temps(날씨)이나 le ciel(하늘)로 해도 된다.

(하늘이/날이) 흐리다
(Le ciel / Le temps) est nuageux.
= Il fait nuageux.

폭우가 쏟아질 날씨다.
(Le ciel / Le temps) est orageux.
= Il fait orageux.

「il fait + 형용사」에 temps을 넣기도 한다.

오늘은 더없이 좋은 날씨다.
Il fait un temps magnifique aujourd'hui.

8월에는 정말 날씨가 나빴다.
En août, il a vraiment fait mauvais temps.

지난 여름에는 날씨가 좋지 않았어.
Il n'a pas fait beau temps l'été dernier.

날씨가 고약하다.
Il fait (un) vilain temps.

쟝과 통화했는데, 낭트에 날씨가 아주 안 좋다네.
J'ai eu Jean au téléphone, il fait un sale temps à Nantes.

그러면 날씨가 어떤지 물어볼 때는 어떻게 할까?

날씨가 어때요?
Quel temps fait-il ?

내친김에 온도 표현도 알아보자.

　기온이 20도예요.
　Il fait 20 degrés.
　La température est 20 degrés

바람의 경우, 다음과 같이 시작과 끝을 나타내는 별도의 표현이 있다.

　바람이 부네.
　Le vent souffle.

　바람이 인다.
　Le vent se lève. [시작]

　바람이 잔다.
　Le vent tombe. [끝]

주의할 점은, 앞서도 보았듯이, 비와 눈에 tomber를 쓰면 내린다는 뜻이지 그친다는 뜻이 아니라는 점이다.

　비가[눈이] 내린다.
　La pluie [La neige] tombe.

　비가[눈이] 그쳤다.
　La pluie [La neige] a cessé de tomber.

2. 자연 재해와 사고

☞ 일어나다, 발생하다, 나다, 있다
 → avoir lieu, se produire, il y a, se passer, arriver, survenir, surgir

▶ 자연재해

지진 un tremblement de terre, un séisme, 홍수 une inondation,
해일 un raz-de-marée, 화산폭발 une éruption volcanique,
폭푸우 une tempête, 회오리바람(토네이도) une tornade
전염병 une épidémie

자연재해를 뜻하는 명사가 주어로 오면 avoir lieu나 il y a를 쓴다. 지진, 홍수 따위의 자연적 현상이나 우연한 사고 등이 주어가 되면 avoir lieu 외에도 se produire를 쓸 수 있다.

어젯밤에 지진이 났대요.

Un tremblement de terre a eu lieu hier soir.

Un tremblement de terre s'est produit hier soir.

홍수가 났대요.

Il y a eu une inondation.

5시에 첫 번째 천둥이 쳤어요.

Le premier coup de tonnerre a eu lieu à 5 heures.

전염병이 발생했대요.

Une épidémie s'est produite.

사건 명사가 목적어 자리에 오면 언제나 causer 혹은 occasionner가 가능하다. 그래서 일반적인 상황에서 다음과 같이 말할 수 있다.

A가 B를 야기했다.

A a (causé / occasionné) B.

무더위가 많은 화재를 야기했다.

La canicule a causé de nombreux incendies.

▶ 사고

사고를 나타내는 명사에는 다음과 같은 것들이 있다.

사고 un accident
교통사고 un accident de la route, un accident de circulation
대형사고 un grand accident, un accident de grande envergure
차사고 un accident de voiture
화재 un incendie
누전 un court-circuit
파손 une rupture
탈선 un déraillement
난파 un naufrage
붕괴 un écroulement
폭발 une explosion, (급격한) 폭발 une déflagration
가스누출 une fuite de gaz

이런 명사들이 주어로 쓰이면 'se produire, avoir lieu, arriver, se passer, advenir, survenir, éclater' 등을 쓰면 된다.

고속도로에서 사고가 났습니다.
Un accident (s'est produit/est arrivé) sur l'autoroute.
Il (s'est produit/est arrivé) un accident sur l'autoroute.

사람이 주어가 되면 avoir를 쓰니 주의해야 한다.

그 친구(에게/가) 사고가 났어.
Il a eu un accident.

천천히 몰아, 사고 나겠어.
Roule moins vite, on va avoir un accident !

사역적인 표현은 causer를 쓰면 된다.

저 사람이 사고를 냈어요.
C'est lui qui a causé cet accident.

몇 가지 예를 더 보자.

부산에서 화재가 발생했습니다.
Il y a eu un incendie à Busan.
Un incendie s'est produit à Busan.

배관 파손이 발생했습니다.
Une rupture de canalisation s'est produite.

서울에서 한 백화점의 붕괴 사고가 있었습니다.
Il y a eu l'écroulement d'un grand magasin à Séoul.

대구에서 가스 폭발 사고가 있었습니다.

Il y a eu une explosion de gaz à Daegu.

다시는 이런 일이 일어나지 않도록 해라.

Que cela ne se reproduise pas !

사고뿐 아니라 사람들이 발생시키는 여러 종류의 '사건'들에도 어떤 기능동사가 쓰이는지 알아보자.

▶ 사건

☞ **일어나다, 발생하다, 나다** → se passer; il y a

한국어에서 사건은 '일어나다, 발생하다, 나다' 등이 쓰이는데 프랑스어에서는 'se passer'와 'il y a'가 가장 일반적이다.

이야기는 Paris에서 펼쳐집니다.

L'histoire se passe à Paris.
La scène se passe à Paris.

그 일은 백주 대낮에 일어났어요.

Cela s'est passé en plein jour.

큰길에서 데모가 있었어요.

Il y a eu une manifestation sur le boulevard.

경찰이 있는 데서 시위가 있었어요.

La manifestation s'est passée en présence de la police.

반정부 반란이 발생했습니다.

Il y a eu une révolte contre le gouvernement.

미국과 이라크 사이에 전쟁이 (났어요/터졌어요).

Il y a eu une guerre entre les Etats-Unis et l'Irak.
Une guerre entre les Etats-Unis et l'Irak (a eu lieu / s'est produite).
Une guerre entre les Etats-Unis et l'Irak a éclaté.

중동 지역에 분쟁이 발생했다.

Un conflit a éclaté au Moyen Orient.

경찰이 보는 앞에서 강탈행위가 발생했습니다.

Le cambriolage a eu lieu sous les yeux de la gendarmerie.

'사건'에 해당하는 대표적인 명사들을 아래에 제시한다. 이들은 모두 se passer나 il y a와 결합하니 연습해 두자.

사건 un événement
데모, 시위 une manifestation
파업 une grève
혁명 une révolution
반란[폭동] une révolte
소요 une émeute
전쟁 une guerre
전투 une bataille
교전 un combat
싸움 une lutte
분쟁 un conflit
총격 un coup de feu

위반 une contravention
살인 un homicide
암살 un assassinat
테러 un attentat
강도짓[강탈행위] un cambriolage
도둑질[절도] un vol
강간 un viol
약탈 un pillage

3. 행사, 모임, 공연

☞ 있다, 개최되다, 열리다, 펼쳐지다 → avoir lieu, se tenir, se dérouler, être organisé(e) , être ouvert(e)

행사, 모임, 공연이 개최되거나 열린다고 할 때는 avoir lieu, se tenir, se dérouler, être organisé(e) , être ouvert(e) 등이 쓰인다.
다음은 행사, 모임, 공연들의 대표적인 목록이니 알아두자.

강연회 une conférence, 발표회 un exposé, 세미나 un séminaire, 대회 [토론회] un congrès, 대토론회 une table ronde, 학술회의[학회] un colloque, un congrès, 심포지움 un symposium, 모임 une réunion, 회의 une assemblée, 집회 un rassemblement, 총회 une assemblée générale, 동창회 une association d'anciens élèves, 정당 대회 un congrès du parti, 노동자 대회 un congrès des ouvriers, 대규모 집회 une réunion en masse, 국회 l'Assemblée nationale, 기도회 réunion de prière, 운영 위원회 une commission administrative, 외교 위원회 une commission des affaires étrangères, 예산 위원회 une commission du budget

선거 une élection

전시회, 전람회 une exposition, 사진 전시회 une exposition de photos, 도서 전시회 une exposition de livres, 무역 박람회 une exposition universelle

연주회 un concert, 오페라 un opéra, 영화 un film, 시사회 une avant-première

축제 un festival, 카니발 un carnaval, 영화제 un festival de films, 연극제 un festival de théâtre

경기, 시합 un match, une partie, 권투 시합 un match de boxe, 프로 레슬링 경기 un match de catch, 올스타전 un match-vedette, 한-일 축

구경기 match Corée-Japon de football, 결승전 une (partie) finale, 준결승전 une (partie) demi-finale, 준준결[8강전] un quart de finale, 16강전 une huitième finale, 32강전 une seizième finale, 월드컵 축구 경기 la Coupe du monde de football

기념식 une cérémonie commémorative, 개막식 une cérémonie d'ouverture, 폐막식 une cérémonie de clôture, un 결혼식 une cérémonie de mariage, 예배 un culte, 미사 une messe, 피로연 un repas de mariage, une réception, 파티 une fête, une soirée

우선 가장 기본적인 표현인 il y a를 써 보자.

Paul네 집에서 파티가 있대.
Il y a une fête chez Paul.

전시회가 이제 개최되었습니다.
L'exposition est maintenant ouverte.

학교에서 사진전이 있을 거래.
Il y aura une exposition de photos à l'université.

이제 avoir lieu도 써 보자.

문화관에서 강연회가 열렸지.
La conférence a eu lieu au centre culturel.

기업에서의 인간관계에 대한 제 25회 학회가 열렸습니다.
Le vingt-cinquième colloque sur les relations humaines dans l'entreprise a eu lieu.

군축회담이 내일 Genève에서 개최될 것이다.

La conférence sur le désarmement aura lieu à Genève demain.

국회의원 선거는 내년에 있을 거예요.

Les élections législatives auront lieu l'année prochaine.

모레 연주회가 있어요.

Le concert aura lieu après-demain.

테니스 시합이 내일 있을거야.

Le match de tennis aura lieu demain.

흥미로운 토론이 이루어졌다[있었다].

Un débat intéressant a eu lieu.

충분한 검토가 이루어졌다.

Une étude suffisante a eu lieu.

'개최되다'라고 다소 문어체적인 표현을 쓰려면 se tenir, se dérouler 를 쓴다.

이 축제는 매년 개최돼요.

Cette fête (se tient / se déroule) chaque année.

총회는 4월에 개최될 겁니다.

La réunion générale (se tiendra / se déroulera) en avril.

▶ 행사, 모임, 공연을

☞ 갖다, 개최하다, 열다 → avoir, tenir, organiser, ouvrir

이번에는 행사, 모임, 공연에 해당하는 명사가 목적어 자리에 올 때 쓰는 타동사를 알아보자. '갖다, 개최하다, 열다' 등인데, 프랑스어로는 'avoir, tenir, organiser, ouvrir' 등이 여기에 해당한다.

모임을 갖다[가지다] avoir [tenir] une réunion
강연회를 열다[개최하다] tenir [organiser] une conférence
전시회를 개최하다 organiser une exposition
국민 궐기 대회를 개최하다 organiser un rassemblement national
전당대회를 열다[개최하다] tenir *son* congrès, organiser *sa* grande assemblée générale
민주당은 다음 달 전당대회를 개최할 예정이다.
Le parti démocrate a l'intention (de tenir son congrès / d'organiser sa grande assemblée générale) le mois prochain.

무도회를 열다 donner un bal
콘서트를 열다[갖다, 개최하다, 하다] donner [organiser] un concert
콩쿠르를 열다[갖다, 개최하다, 하다] ouvrir [organiser] un concours

〈대회, 모임〉
une conférence : 첫째 뜻은, 교육을 목적으로 청중을 놓고 하는 '강연회'로서, 주제는 어떤 것이든 좋다. 둘째 뜻은, 매우 중요한 문제를 놓고 토론을 벌이는 '회담'으로서, 주제는 특히 정치적인 것이다. 국제적 회담을 일컫는 경우에 가장 빈번하게 쓰인다.

un exposé는 가볍게 '발표' 내지 '발표회'를 의미한다. 주제의 제약이 없다.
un séminaire는 '세미나'로서 정기적으로 열리는 것을 의미한다.
un congrès는 어떠한 주제로 열리는 '... 대회', 또는 단순히 '토론회'.
une table ronde는 광범위한 여론 수렴을 위해 열리는 '대토론회'.
un colloque는 '학술회의' 내지 '학회'.
un symposium은 '심포지움'을 뜻하는 말로, 더욱 전문적이고 현학적임.
une réunion은 작은 '모임'.
une assemblée는 토의・심의를 위한 '회의'.
un rassemblement은 특히 정치적・종교적 목적의 '집회'.

〈스포츠 경기〉

개회식[개막식] la cérémonie d'ouverture, la cérémonie de clôture

예선전 un tour préliminaire

1회전 le 1er tour

2회전 le second tour

    2회전에서 탈락하다

  être éliminé(e) au second tour

패자부활전 un repêchage

32강전 les seizièmes de finale

16강전 les huitièmes de finale

    16강에 들다

  être en huitièmes de finale

> 8강전 un quart de finale
>   8강에서 탈락하다
>   être éiminé(e) en quart de finale
>
> 준결승 une demi-finale (1/2 finale)
> 결승 une finale
>   그들은 결승에 진출했다.
>   Ils sont arrivés en finale.
>
> 동메달결정전 un match pour la médaille de bronze
> 7-8위 순위결정전 la 7ème-8ème places dans le classement

마지막으로, 사건, 사고, 행사를 뜻하는 명사가 주어가 되면 언제나 avoir lieu나 il y a가 가능하다는 점을 상기하자. 그래서 아주 일반적인 상황에서 다음과 같이 말할 수 있다.

바로 그 때 그게 일어난 거야.
Cela a eu lieu à ce moment-là.
Il y a eu cela à ce moment-là.

무슨 일이야?
Qu'est-ce qu'il y a ?
Qu'est-ce qui se passe ?
Qu'est-ce qui (vous arrive / t'arrive) ?

참고문헌

Beauchesne, J.(2001), *Dictionnaire des cooccurrences*, Guérin.

Giry-Schneider, J.(1987), *Les prédicats nominaux en français - les phrases simples à verbes supports*, Genève, Droz.

Giry-Schneider, J. et Balibar-Mrabti, A.(1993), Classes de noms construits avec avoir, rapport technique N° 42, LADL.

Gross, G.(1994b), Un outil pour le FLE : les classes d'objets, *Actes du colloque du FLE*, Lille, Presses Universitaires de Lille.

Gross, G.(1996a), *Les expressions figées en français*, Ophrys.

Gross, G. et R. Vives(1986), Les constructions nominales et l'élaboration d'un lexique- grammaire, *Langue française*, N°69, Paris : Larousse.

Gross, M.(1975), *Méthodes en syntaxe*, Paris: Hermann.

Gross, M.(1985), Sur les déterminants dans les expressions figées, *Langages* N° 79.

Hong, Chai-song & PAK, Man-ghyu(2001), Developing a large scale computational lexical database of contemporary Korean : SELK, *Proceedings of 『2001 ICCPOL(The 19th International Conference on Computer Processing of Oriental Languages)』* pp. 20-26, 5.14-5.16., 2001.

Leclère, Ch.(1978), Sur une classe de verbes datifs, *Langue française*, No. 39.

Leclère, Ch.(1976), Datif syntaxique et datif éthique, *Méthodes en grammaire française*, Chevalier et Gross eds., Klincksieck, Paris

Kamber, Alain (2014): « Prendre, un verbe support dans l'enseignement du FLE: une analyse sur corpus ». Revue Mosaïques, *Au cœur du verbe. Discours, syntaxe et didactique* (horssérie n°2): 3-16.

PAK, Man-ghyu(1997), Les relations causales directes en français et en coréen, *Linguisticae Investigationes* XXI:1, Amsterdam/Philadelphia: John Benjamins.

PAK, Man-ghyu(1998), classes d'objets et base de connaissances, *La mémoire des mots, actualité scientifique*, pp.339-352, SERVICED, Tunis, Tunisie

SALKOFF, Morris(1999), *A French-English Grammar*, A contrastive grammar on translational principles, Lingvisticae Investigationes Supplementa 22.

Vivès, R.(1983), *Avoir, prendre, perdre, constructions à verbe support et variantes aspectuelles*, thèse de troisième cycle, Université Paris VIII.

박만규(2000), 「한·불 대응문법 구성을 위한 연구 : '있다'구문/2중주어문↔avoir구문의 경우」, 『불어불문학연구』 2000년 겨울호(44집), 한국불어불문학회, 2000, pp.653~683.

박만규(2002), 「대상부류 이론에서의 다의성」, 『프랑스 어문교육』 제 13집, 한국프랑스어문교육학회, 2002.05.31. pp.57-85.

박만규(2005), 한·불 기능동사구문 대조 연구, 『프랑스어문교육』 제20집, 189-224, 한국프랑스어문교육학회.

박만규(2010), 한·불 신체부위명사 구문 대조 연구, 『프랑스 어문교육』 제 33집, 한국프랑스어문교육학회, pp. 261-308.

박만규 (2014), '주다'구문의 한·불 대응문법 구성을 위한 연구, 『프랑스어문교육』 제45집, 한국프랑스어문교육학회, pp. 125-161

홍재성·박만규(2004), 「자동사적 기능동사의 통사·의미적 분석」, 『비교문화연구』 제7집, 265-283, 경희대학교.

〈사전〉

한국불어불문학회 2006, 『새한·불사전』, 한국외국어대학교출판부.

유창한 프랑스어를 위한

단어 결합법

초판 1쇄 인쇄 • 2021년 6월 28일
초판 3쇄 발행 • 2025년 5월 20일
지은이 • 박만규
표지디자인 • 박민혜 / 인쇄 • 동남문화사
발행처 • 도서출판 씨엘 / 발행인 • 박만서
출판등록 • 제2022-000048호(2022.10.20)
서울시 강북구 삼양로 438 한일빌딩 3층
전화 • 02-992-0077 / 팩스 • 02-992-0045
e-mail : cielpak@naver.com

값은 뒤표지에 있습니다
저작권자 ⓒ 2021 박만규
ISBN 978-89-88476-05-5 (13760)

설득의 인문학
문제를 해결하는 언어의 프레임

▶ 지은이 : 박만규 (아주대 교수)

설득에 꼭 필요한 생각의 방법과 언어의 사용법을 다양한 사례와 함께 알려주는 인문학서

어려운 설득 상황에서 어떻게 할 것인가?

상대가 처음부터 나와 반대의 의견을 갖고 있을 때,
내가 무슨 말을 해도 상대가 생각을 바꿀 뜻이 없어 보일 때,
내가 도저히 들어줄 수 없는 것을 상대가 요구할 때,
피치 못하게 상대방의 말과 행동을 비판해야 할 때
상대가 억지를 부릴 때,
부하직원의 태도가 못마땅할 때,
기존의 관계를 훼손하지 않고 갈등을 해소할 수 있는 능력을 갖추자!

이 책을 읽을 필요가 있는 분들은

자녀, 배우자, 동료, 부하직원, 상사, 거래처와의 대화를 능숙하게 이끌며 나아가 이들과 원활하고 행복한 대인관계를 유지하는 능력을 갖추고자 하는 분들

우리가 완전히 잘못 알고 있는 설득의 방법

우리는 설득이란 내가 잘 알고 있는 것을 상대에게 전달하는 것이라고 생각해 왔다.
그러나 이는 설득이 아니다.
이렇게 접근하면 설득은커녕 오히려 사이만 벌어지게 된다.
설득이란 오히려 내 생각을 '상대방의 프레임에 맞추어서' 전달하는 것이다.

인지 원리를 알아야 설득할 수 있다!

프레임이란 무엇인지?
우리의 사고가 얼마나 프레임에 의존하고 있는지?
프레임이 얼마나 언어에 의존하고 있는지?

왜 언어가 사고를 지배하는지?
창의적 사고는 어떻게 가능한지?
관점은 어떻게 도입되는지?

상대를 설득하기 위하여 프레임을 어떻게 사용해야 하는지?
관점의 전환을 어떻게 이루어낼 수 있는지?
어떻게 갈등을 해소하고 설득에 이를 수 있는지?

왜 언어인가?

언어는 거의 모든 자물쇠를 여는 열쇠이다. - 쟝 뒤투르
상대를 설득함에 있어서 언어는 매우 중요하다.
우리는 말하는 만큼 존재한다.
상대의 기억에 깊이 남을 수 있는 말을 해야 한다.
그것이 존재감이다.
이런 이유로 이 책은 인지과학의 관점에서 인간의 사고와 언어의 원리를 살펴본다.
인지언어학적 원리에 기반하여, 설득을 하기 위한 사고의 방법을 습득해야 한다. 그렇게 생각을 표현할 언어의 효과적인 사용법을 익혀야 한다.
우리는 설득의 원리에 대한 정확하고 깊은 이해를 획득하고
이를 실제 상황에 적용하는 연습을 한다.

처음엔 우리가 습관을 만들지만, 그 다음엔 습관이 우리를 만든다.

성장과 성공을 위해서, 행복을 얻기 위해서, 반드시 필요한 삶의 기술인데도,
초등학교에서부터 대학에 이르는 동안 아무도 가르쳐주지 않는 것 - 설득의 방법과 원리!
이제 설득력 있게 말하는 습관을 들이자!

유머로 배우는 프랑스어

L'humour en français,
Comment apprendre en riant

- 박만규 저

이 책은 유머를 통해서 프랑스어를 배우도록 제작되었습니다.
유머를 읽으며 웃다 보면 그냥 프랑스어 표현들이 기억됩니다.
실제 프랑스인과 대화할 때 곧바로 활용할 수 있습니다.

그냥 따라 읽기만 하면 됩니다!
프랑스어 표현들이 놀랍도록 쉽게 기억됩니다.
간략한 설명과 함께 자연스럽게 반복을 시켜 주기 때문입니다.

빛나는 당신이 있다면
촛불을 켤 필요가 없다

힐링 에세이집

- 박만규 지음, 이연희 사진

자투리 시간에 읽을 수 있는 책
지하철이나 버스에서 잠깐씩 보고 생각하게 하는 책
차에 두고 필요할 때마다 볼 수 있는 동반자 같은 책
연설문 작성할 때 큰 도움을 얻을 수 있는 책

"세상살이가 쉬워지는 일은 없다. 단지 네가 강해져야 할 뿐!"

막막하거나 실의에 빠졌을 보세요.
곧바로 자신감, 용기, 위안을 줍니다.

위안과 자신감을 얻고 목표를 향해 날아가도록 도와주는
여러분을 성장 길로 이끌어 주는
촌철살인의 짧은 에세이들의 모음!
간략한 설명과 함께 자연스럽게 반복을 시켜 주기 때문입니다.